LES LAPINS

Le lapin nain et les autres races de compagnie

M. Avanzi

LES LAPINS

Le lapin nain et les autres races de compagnie

ÉDITIONS DE VECCHI S.A.
52, rue Montmartre
75002 PARIS

Malgré l'attention portée à la rédaction de cet ouvrage, l'auteur ou son éditeur ne peuvent assumer une quelconque responsabilité du fait des informations proposées (formules, recettes, techniques, etc.) dans le texte.
Il est conseillé, selon les problèmes spécifiques – et souvent uniques – de chaque lecteur, de prendre l'avis de personnes qualifiées pour obtenir les renseignements les plus complets, les plus précis et les plus actuels possible.

Nous remercions messieurs Flavio Nicoletti, Alessandro Zago, madame Monica Marchetto, ainsi que la boutique Minizoo de Castelfranco Veneto pour l'aide qu'ils nous ont fournie pour les photographies. Nous remercions également Chiara Dissette pour ses très beaux dessins et le docteur Massimo Millefanti pour la confiance qu'ils nous a encore une fois accordée.

Collection dirigée par Massimo Millefanti

Les photos sont de l'auteur, sauf indication contraire

Les dessins sont de Chiara Dissette

Traduction de Frédéric Delacourt

Imprimé en Italie

Introduction

Le lapin est devenu en quelques années un animal de compagnie très populaire et aujourd'hui, après les poissons, les chiens, les chats et les oiseaux, c'est le « pet » le plus présent dans les foyers français. Cette diffusion est pleinement justifiée : c'est en effet un compagnon merveilleux, vif, intelligent, affectueux et plein de personnalité, un véritable animal domestique dont la nature sauvage a été modifiée par des siècles de sélection artificielle opérée par l'homme.
Quand on décide d'acheter un petit lapin, il n'est pas forcément nécessaire de rechercher des sujets de race naine. En effet, les animaux qui sont souvent vendus dans les magasins comme des lapins nains ne sont pas du tout de pure race mais des métis issus de croisements disparates qui représentent toutefois de très bons animaux de compagnie, indépendamment de leur taille et de leur aspect.

Facile à élever, silencieux et propre, le lapin est un parfait compagnon avec lequel on peut établir des relations. Si on le laisse se promener librement hors de sa cage, il exprime toute sa personnalité complexe et sa vivacité innée, avec sa gaieté captivante.
Sociable et grégaire par nature, il recherche en effet spontanément le contact avec les êtres humains et les propriétaires de lapins sont d'ailleurs souvent très étonnés de la solidité des liens qui s'instaurent au fil du temps avec ses créatures sensibles. Ce sont de très bons compagnons pour des enfants plus ou moins jeunes mais ils sont également très adaptés (et peut-être même encore davantage) aux personnes adultes.
Malheureusement, en tant que vétérinaire, j'ai dû constater que la « transformation » de cet animal utilitaire (élevé pour sa viande et pour sa peau) en animal de compagnie n'a pas amélioré les connaissances générales sur son entretien et en particulier sur son alimentation. Environ 90 % des pathologies que l'on observe chez les lapins sont en effet la conséquence d'une alimentation incorrecte ou d'erreurs d'entretien, qui peuvent être prévenues grâce à un minimum d'informations sérieuses.
Je souhaite donc que ce livre aide à éclairer ce sujet afin que le lapin d'appartement puisse vivre longtemps et en bonne santé, en échange de l'affection et de la sympathie qu'il nous apporte.

Les Lagomorphes : le lapin et ses parents

Le lapin est un mammifère qui appartient à l'ordre des Lagomorphes et au genre *Oryctolagus*. Parfois appelé lapin européen pour le distinguer des autres espèces, il existe sous une dizaine de races, sélectionnées au cours des siècles, qui se différencient par leur taille, leur couleur, leur longueur ou la forme de leurs oreilles : toutes ces races font partie de la seule espèce *Oryctolagus cuniculus*.
Au début, les Lagomorphes comme les Rongeurs ont été classés par Linné (l'inventeur de la classification scientifique moderne) comme faisant partie de l'ordre des Glires, divisé à son tour en deux sous-ordres : les Duplicidentes (les Lagomorphes actuels), qui présentent quatre incisives supérieures, et les Simplicidentes (les véritables Rongeurs), qui ne possèdent en revanche que deux incisives supérieures. En se référant à cette ancienne classification, certains ouvrages classent encore par erreur les lapins parmi les Rongeurs. On a ensuite considéré qu'il s'agissait de deux ordres bien distincts et que leur ressemblance était seulement due à une évolution convergente. Les Lagomorphes et les Rongeurs sont donc devenus deux ordres différents et ils sont encore considérés comme tels dans la classification officielle.
Toutefois, on a récemment découvert que les Lagomorphes et les Rongeurs étaient en réalité génétiquement liés.
On en a eu la démonstration avec la découverte en Mongolie d'un fossile datant de 55 millions d'années, le *Tribosphenomys minutus*, dont la dentition présente des caractéristiques intermédiaires entre celle des Rongeurs et celle des Lagomorphes : ses mandibules sont en effet celles du lapin tandis que ses incisives sont typiques des rongeurs. Il est donc probable que les deux ordres aient effectivement un ancêtre commun.
On a ainsi dépoussiéré le vieux terme Glires pour désigner l'ensemble des Rongeurs et des Lagomorphes, et il n'est pas exclu que la classification de ces animaux soit à nouveau revue.

L'ORIGINE DU NOM

Le nom scientifique du lapin, *Oryctolagus cuniculus*, vient du grec et du latin : *Oryctolagus* vient des mots grecs *orux* (« fouisseur ») et *lagos* (« lièvre »), tandis que *cuniculus* signifie en latin aussi bien « lapin » que « galerie ». C'est précisément du terme *cuniculus* que vient le mot « conil », utilisé jusqu'au xve siècle pour désigner le lapin. Le nom anglais, *rabbit*, a une origine différente : il vient probablement de l'anglais ancien *rabet*, qui provient à son tour du dialecte wallon *robet* et du vieux mot hollandais *robe*, qui signifie précisément lapin.
Le terme Lagomorphe vient des mots grecs *lagos* et *morphe*, et il signifie « en forme de lièvre ».

LA CLASSIFICATION	
Super-règne	Eucaryotes (*Eucariota*)
Règne	Animal (*Animalia*)
Sous-règne	Métazoaires (*Metazoa*)
Phylum	Symétrie bilatérale (*Bilateria*)
Cohorte	Célomates (*Celomata*)
Super-type	Deutérostomes (*Deuterostoma*)
Type	Chordés (*Chordata*)
Sous-type	Vertébrés (*Vertebrata*)
Infra-type	Gnathostomes (*Gnathostomata*)
Sur-classe	Tétrapodes (*Tetrapoda*)
Classe	Mammifères (*Mammalia*)
Sous-classe	Placentaires (*Eutheria*)
Ordre	Lagomorphes (*Lagomorpha*)
Famille	Léporidés (*Leporidae*)
Genre	*Oryctolagus*
Espèce	*Cuniculus*

L'ordre des Lagomorphes

Les Lagomorphes sont divisés en deux familles : les Léporidés et les Ochotonidés.
Les Léporidés comprennent onze genres de lièvres et de lapins, répandus sur pratiquement toute la planète et caractérisés par de longues oreilles, des membres postérieurs puissants et une queue courte. Les Ochotonidés ne comprennent en revanche qu'un seul genre, *Ochotona*, qui inclut différentes espèces de pikas ou lièvres sifflants, répandus en Amérique du Nord, en Asie et en Europe de l'Est. Ils sont caractérisés par des oreilles courtes et arrondies, des pattes postérieures moins développées et une absence de queue.
Les dimensions des Lagomorphes sauvages vont de 15 cm pour les espèces les plus petites de pikas, qui ne pèsent que 100 g, à 70 cm pour certaines espèces de lièvres dont le poids peut atteindre 4,5 kg. Les lapins sauvages mesurent de 38 à 50 cm de longueur et ont un poids moyen qui oscille entre 1,5 et 2,5 kg. Les races de lapins domestiques peuvent en revanche peser de moins de 1 kg (tailles naines) à plus de 8 kg (tailles géantes).
Les lapins et les lièvres sont principalement crépusculaires mais les pikas sont essentiellement diurnes. Ils sont cependant tous végétariens. Les lièvres présentent enfin une différence importante par rapport aux lapins : les petits des lapins naissent nus, aveugles et complètement amorphes tandis que les petits du lièvre naissent recouverts de poils, ont les yeux ouverts et ils sont très vite capables de courir.

Toutes les races de lapin appartiennent à la même espèce, Oryctolagus cuniculus

Le lapin est un très bon animal de compagnie même s'il n'est pas de pure race

Les genres des Lagomorphes

Famille des Léporidés	Famille des Ochotonidés
Brachylagus	*Ochotona*
Bunolagus	
Coprolagus	
Lepus	
Nesolagus	
Oryctolagus	
Pentalagus	
Poelagus	
Pronolagus	
Romerolagus	
Sylvilagus	

CROISEMENTS INTERDITS

Le lapin ne peut être croisé avec aucune des autres espèces de Lagomorphes, qui appartiennent toutes à des genres entièrement différents.

DES REPRODUCTEURS LÉGENDAIRES

Les lapins sont des animaux extrêmement prolifiques puisqu'une femelle peut mettre bas jusqu'à 50 petits par an. Ce taux de natalité très élevé permet de compenser le taux de mortalité très important que l'on observe dans la nature à cause des maladies et des prédateurs. On a par exemple calculé que pour cent lapins sauvages nés en Nouvelle-Zélande, dix seulement atteignaient l'âge de six mois et qu'uniquement un ou deux d'entre eux parvenaient à vivre jusqu'à trois ans, l'espérance de vie moyenne des lapins à l'état sauvage.

L'origine

L'ordre des Lagomorphes a évolué en Asie du Nord il y a environ 55 millions d'années mais les principales caractéristiques du squelette et des dents sont restées pratiquement inchangées.

Il y a environ deux millions d'années, les Lagomorphes sont arrivés en Europe, où ils se sont largement répandus. Le lapin en particulier a évolué en Europe et en Afrique nord-occidentale. Après la dernière glaciation, sa présence sur le territoire européen s'est ensuite confinée à la péninsule ibérique et à quelques zones en France, où il existe toujours des populations sauvages. Un peu plus récemment, l'homme a favorisé sa diffusion sur tous les continents, sauf en Asie et en Antarctique.

L'histoire de sa domestication commence avec les Phéniciens qui l'ont découvert en Espagne en 1100 avant J.-C. et qui l'ont introduit dans d'autres pays où il était élevé pour sa chair. Ils appelaient cet animal *shepam* et ont donné le nom de *i-shepan-im* (terre des lapins) au sol qui les accueillait, un nom ensuite latinisé en *Hispania*, Espagne.

Le lapin a toutefois été aussi élevé par les Romains qui ont contribué à leur façon à sa diffusion. En effet, les sujets en captivité qui s'échappaient se sont rapidement reproduits et ont formé de nombreuses colonies sauvages qui se sont diffusées dans toute l'Europe.

La dernière contribution à la diffusion du lapin est due aux marins qui, jusqu'à la fin du Moyen-Âge, avaient l'habitude d'abandonner ces animaux dans des îles situées sur les

routes des navires afin qu'ils constituent, en se multipliant, une réserve de viande qu'ils pouvaient utiliser durant leur voyage de retour.
La véritable domestication, c'est-à-dire la sélection artificielle de caractères déterminés, n'a toutefois débuté qu'au XVIe siècle dans les monastères. Les moines ont commencé à sélectionner les lapins aussi bien pour leur docilité, c'est-à-dire leur capacité à s'adapter à la vie en captivité, que pour leur couleur, leur taille, leur type de poil ou pour d'autres caractéristiques, donnant ainsi naissance aux premières races. Au cours des siècles suivants, la sélection artificielle a entraîné la création des soixante races et plus qui existent aujourd'hui (même si les résultats obtenus sont parfois discutables), faisant du lapin un animal domestique à part entière.

Le cas australien

L'histoire des lapins australiens est une des démonstrations les plus efficaces des graves dommages sur l'environnement que peut causer une espèce quand on la libère dans un écosystème qui lui est étranger. La première introduction connue du lapin sur ce continent remonte à 1839. Grâce à la richesse de la végétation et à l'absence de prédateurs, les lapins qui s'échappaient de captivité ont commencé à se reproduire de façon incontrôlée, devenant en quelques années un véritable fléau, aussi bien pour les cultivateurs que pour les éleveurs. Toutefois, les dégâts les plus considérables ont été causés à la faune et surtout à la flore indigène : le territoire australien, comprenant déjà beaucoup de zones désertiques, est devenu en effet encore plus sujet aux érosions.
Au début du vingtième siècle, on estimait que le nombre de lapins était de 20 millions. Moins d'un siècle après le début de leur introduction, les lapins avaient colonisé le moindre terrain d'Australie favorable à leur développement et la seule limite à leur expansion était représentée par le manque d'eau. Tous les moyens furent utilisés pour réduire la prolifération de ces animaux : la guerre déclarée contre ces animaux prévoyait la chasse, l'utilisation de pièges, d'appâts empoisonnés et d'enclos, un ensemble de moyens qui se révéla totalement inefficace pour circonscrire le problème.
En 1950, on eut recours à un moyen faisant partie de l'arsenal de la « guerre biologique » en libérant dans le milieu le virus de la myxomatose, une maladie relativement bénigne pour les lapins sud-américains du genre *Sylvilagus* mais terrible pour le lapin européen, avec des pics de mortalité atteignant 98 %. Ce virus n'a pas complètement éradiqué le lapin d'Australie, mais il en a réduit temporairement le nombre. En 1995, on a commencé à étudier la possibilité de mener un autre type de lutte biologique contre les lapins en utilisant le virus de la maladie hémorragique virale, hautement mortelle pour le lapin mais inoffensif pour les autres espèces australiennes. Le virus a été introduit de façon expérimentale dans une petite île située à 4 km des côtes méridionales du continent australien, mais au bout de sept mois seulement, il a commencé à se diffuser sur la terre ferme et à envahir le reste de l'Australie. Très rapidement, les autorités se sont rendu compte qu'il était impossible de contenir la diffusion du virus et elles ont alors cessé toute tentative allant dans ce sens, choisissant plutôt d'exploiter son action dévastatrice pour contrôler la population de lapins.

Il est possible aujourd'hui de protéger la santé des lapins grâce aux vaccinations

LA MYXOMATOSE ARRIVE EN EUROPE

En 1953, la myxomatose a également été délibérément introduite en France afin de contrôler les populations de lapins sauvages. Cette décision inconséquente illustre bien les dégâts que peuvent provoquer les guerres biologiques. En effet, le virus s'est rapidement répandu aussi bien parmi les lapins sauvages que chez les lapins domestiques, envahissant toute l'Europe et provoquant un véritable carnage. Cette maladie, encore présente aujourd'hui, continue à frapper les animaux mais les lapins domestiques peuvent être protégés grâce à un vaccin disponible depuis plusieurs années.

À la découverte du lapin

L'anatomie et la physiologie du lapin sont si différentes de celles des animaux de compagnie plus « classiques » comme les chiens et les chats, qu'elles méritent d'être traitées de façon approfondie. En effet, leur connaissance permet de mieux comprendre cet animal et d'éviter de nombreuses erreurs dans son élevage.
L'évolution du lapin a toujours poursuivi un impératif : échapper aux prédateurs. Le lapin est en effet une proie pour de nombreux carnivores et son unique défense consiste à se réfugier dans son terrier. Voilà pourquoi il a développé un squelette léger (qui ne représente que 7 à 8 % de son poids corporel alors qu'un chat, par comparaison, a un squelette qui constitue entre 12 et 13 % de son poids) qui lui permet de courir plus vite, mais qui le rend aussi extrêmement fragile. Ainsi, quand un lapin tombe, il est très facilement sujet à des fractures.

Toujours pour favoriser sa fuite, cet animal a des membres postérieurs beaucoup plus développés que les membres antérieurs et ils sont dotés de muscles puissants. Son squelette fragile, combiné à un arrière-train très musclé, constitue un autre point faible : si on l'attrape mal, le lapin essaie de se débattre énergiquement et risque, à cause de la force de ses muscles, de se fracturer ou de se luxer la colonne vertébrale, entraînant sa paralysie. Il est donc très important de savoir attraper correctement un lapin et d'apprendre aux enfants comment le faire.

L'aspect extérieur

La **fourrure**, fournie et douce, recouvre tout le corps (sauf la partie interne du pavillon auriculaire et les parties génitales chez le

Le lapin a une structure osseuse légère et une musculature développée pour la course

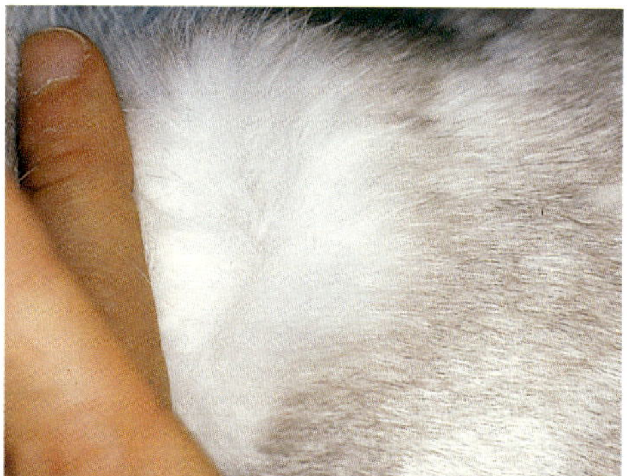

Sous le poil principal, on observe un sous-poil fourni et doux

mâle) et est constituée de différents types de poils : le poil principal, plus long et plus gros, est formé de poils conducteurs et de poils plus petits, appelés « jarre ». Le sous-poil, plus court et plus fin, constitue la « bourre ». Chez de nombreuses races comme le Rex ou l'Angora, le poil a subi de grandes modifications par rapport à sa structure d'origine.

La **peau**, étant protégée par la fourrure, est très fine et très délicate. Chez les femelles (et parfois aussi chez les mâles), on trouve un fanon devant la gorge particulièrement visible chez les sujets gras.

Le fanon est généralement plus fourni chez la femelle que chez le mâle

Les mâles comme les femelles possèdent trois types de **glandes** qu'ils utilisent pour marquer leur territoire : les glandes du menton, situées sous la mandibule, les glandes anales, de chaque côté de l'anus, et les glandes inguinales. Ces dernières sont des structures très visibles qui ressemblent à de petites poches situées sur les côtés des parties génitales : il arrive que leur sécrétion cérumineuse soit visible sous forme de tache sombre collée sur la poche même. En frottant leurs glandes contre des objets ou sur des sujets de rang inférieur, les lapins affirment leur rôle de commandement et de dominance sur les autres composantes du groupe. Les femelles utilisent aussi ces glandes pour marquer leurs petits afin de les reconnaître. Elles attaquent et tuent les jeunes lapins qui, n'ayant pas la « bonne » odeur, ne font pas partie de leur colonie.

Les longues **oreilles** des lapins, délicates et très sensibles, leur permettent de percevoir les bruits les plus fins et d'anticiper sur l'agression des prédateurs. Elles ont également une autre fonction importante : elles représentent 12 % de la surface corporelle totale et comme elles sont très vascularisées, elles servent en effet à la thermorégulation de l'animal, c'est-à-dire qu'elles l'aident à évacuer la chaleur excessive, jouant ainsi le même rôle que les grandes oreilles de l'éléphant d'Afrique. Les lapins, dépourvus de glandes sudoripares, ne peuvent pas se refroidir en suant ni en haletant, comme le font les chiens. Dans leur milieu naturel, ils n'ont qu'un seul moyen de se défendre des grandes chaleurs : se réfugier au frais dans leurs terriers souterrains. Cette possibilité leur est interdite en captivité et ils se retrouvent absolument sans défense dans leurs cages face aux hautes températures et ils sont d'ailleurs facilement sujets aux coups de chaleur.

Les oreilles du lapin, très vascularisées, aident l'animal à faire baisser sa température corporelle quand elle est trop élevée

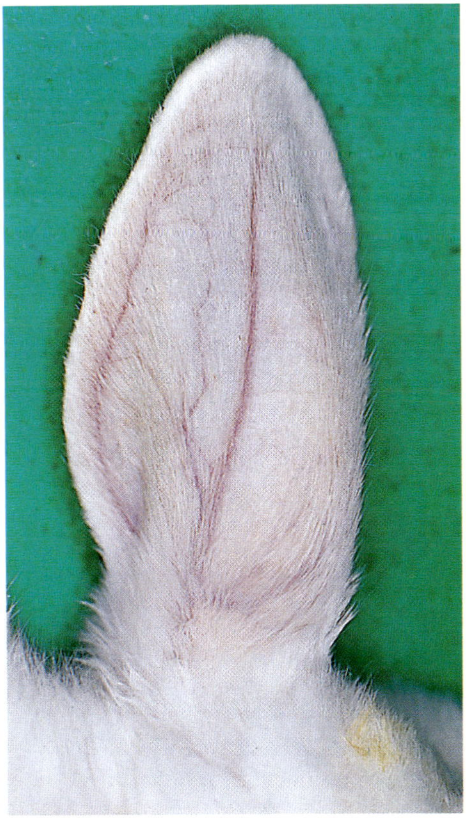

Toutes les races aux oreilles pendantes sont appelées Bélier

Dans son travail de sélection artificielle, l'homme a créé des races aux oreilles encore plus grandes que les oreilles d'origine (comme celles de la race Lièvre), très petites (comme celles des races naines), ou même aberrantes (comme les oreilles pendantes et incapables du moindre mouvement des races Bélier).

Les **yeux**, disposés sur les côtés de la tête, bénéficient d'un large champ visuel (190° pour chaque œil) qui permet à ces animaux d'observer sans effort leur milieu environnant et de ne pas se laisser surprendre par un agresseur. Il y a cependant un « angle mort » devant le museau et le lapin se sert du toucher plutôt que de la vue pour attraper sa nourriture avec la bouche. À cause de leurs habitudes crépusculaires, les lapins ont une sensibilité à la lumière huit fois supérieure à la sensibilité humaine : c'est-à-dire qu'ils sont capables de voir dans la pénombre beaucoup mieux que nous. En ce qui concerne la perception des couleurs, il semblerait qu'ils réussissent à voir le bleu et le vert. Une petite paupière accessoire, appelée troisième paupière ou membrane nictitante (qui existe aussi chez de nombreux autres animaux, chiens et chats compris) est présente dans l'œil du lapin. Au repos, elle est dissimulée dans le coin interne de l'œil mais pendant le sommeil elle se déplace et vient recouvrir la cornée. Une glande lacrymale exceptionnellement développée est associée à cette troisième paupière.

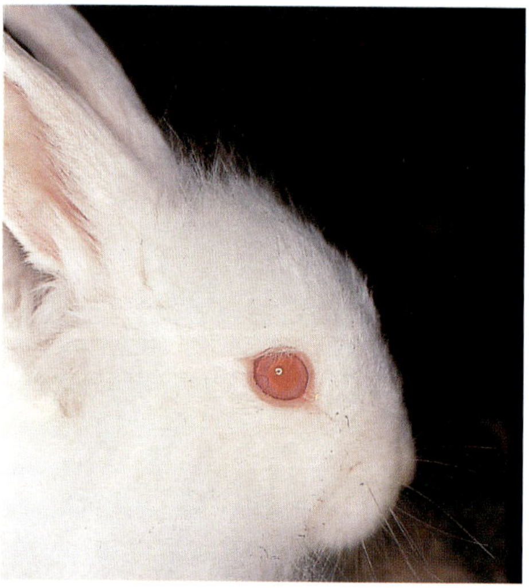

Les yeux rouges des lapins albinos sont dus à l'absence de pigment qui laisse entrevoir la couleur des vaisseaux sanguins

Le **nez** remue en permanence, pour renifler l'air et percevoir toutes les odeurs, ce qui est un signe de bonne santé. Les lapins ne peuvent pas respirer s'ils ont les narines obstruées parce qu'ils ne parviennent à inhaler que 10 % de l'air à travers la bouche.

Le museau est doté de longues **moustaches**, qui sont en réalité des organes tactiles très sensibles, tandis que leur **lèvre** supérieure, divisée en deux, est appelée « bec-de-lièvre ».

Les **dents** représentent une structure très spécialisée et incroyablement complexe. Le lapin a deux incisives inférieures et quatre incisives supérieures, dont seules deux sont visibles quand il referme les lèvres. Les autres dents, beaucoup plus petites, se trouvent plus en arrière.

Les molaires et les prémolaires se ressemblent beaucoup et sont caractérisées par un profil en dents de scie. Leur action broyeuse sert à mastiquer l'herbe, les racines et les écorces.

Entre les incisives, qui servent à découper les brins d'herbe en morceaux, et les prémolaires, se trouve un large espace appelé diastème.

Les dents du lapin, et c'est d'ailleurs leur principale caractéristique, connaissent toutes une croissance continue, comme les ongles. Cela signifie qu'elles poussent de façon permanente, renouvelant ainsi la par-

LA FORMULE DENTAIRE

La dentition de tous les mammifères est décrite par une formule constituée d'un ensemble de lettres et de chiffres qui indiquent le nombre de dents de chaque type présent. Les lettres représentent le type de dent : incisives (I), canines (C), prémolaires (P) et molaires (M) ; les chiffres indiquent combien de dents de chaque type sont présentes de chaque côté, soit en haut, dans la mâchoire, soit en bas dans la mandibule. Le lapin possède, de chaque côté de sa bouche, deux incisives supérieures et une inférieure, trois prémolaires supérieures et deux inférieures, trois molaires supérieures et trois inférieures. Sa formule dentaire est donc la suivante : I 2/1, C 0/0, P 3/2, M 3/3, pour un total de 28 dents.

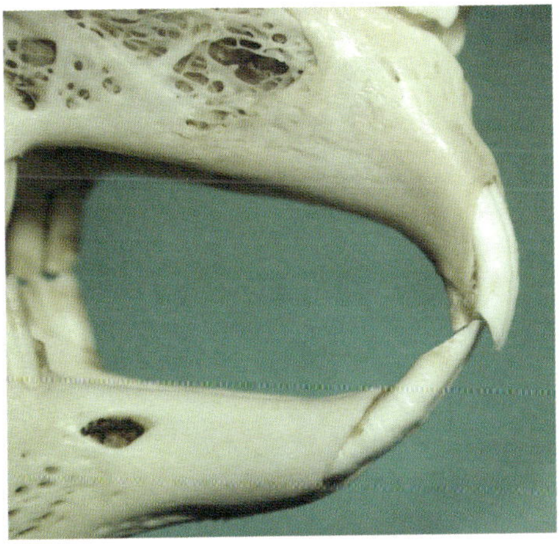

Le lapin a quatre incisives supérieures et deux d'entre elles sont placées derrière les principales

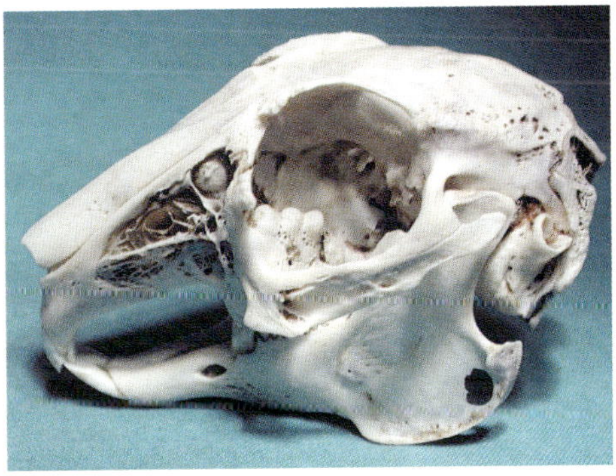

Le crâne du lapin

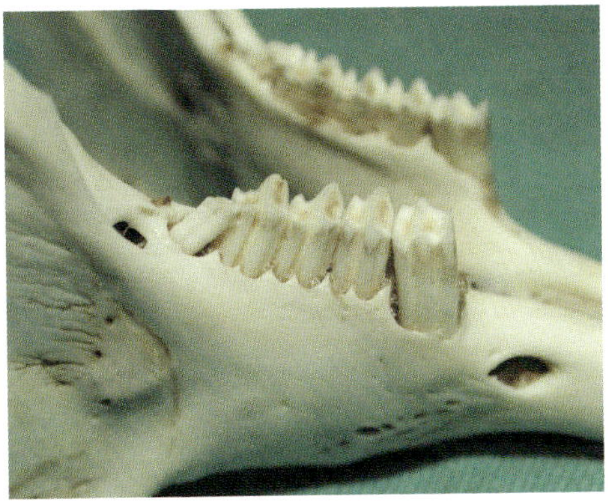

Les molaires et les prémolaires, tout comme les incisives, poussent pendant toute la vie du lapin

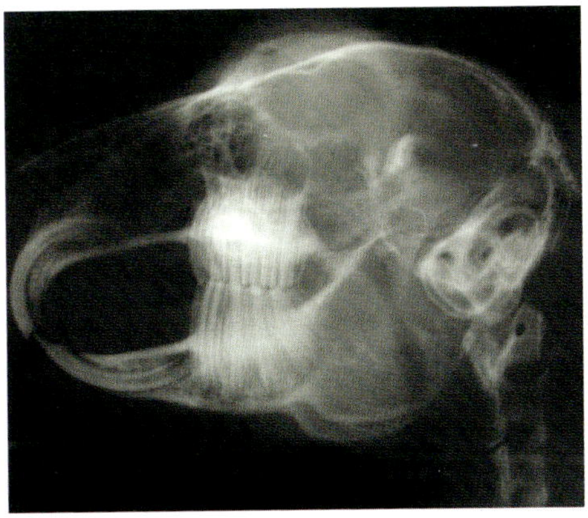

Radiographie de la tête d'un lapin

tie usée par la mastication (les incisives par exemple poussent de 10 à 12 cm par an). Ainsi, l'action très abrasive de l'herbe des prés, l'aliment naturel du lapin sauvage, qui provoque l'usure rapide des dents, est compensée par cette croissance dentaire continuelle.

Les **pattes** sont dépourvues de coussinets plantaires, contrairement à celles des chiens, et leur surface inférieure est protégée par une bonne épaisseur de fourrure.
Les doigts, qui sont au nombre de cinq sur les pattes antérieures et de quatre sur les pattes postérieures, sont tous munis d'ongles. Quand le lapin vit à l'état sauvage, ses ongles s'usent régulièrement parce qu'ils servent à creuser de profondes galeries dans le sol. En captivité, même si le lapin a la possibilité de creuser, il use moins ses ongles et il faut donc les lui couper régulièrement.
Les lapins ne marchent pas mais se déplacent en sautillant, un mouvement qui s'explique par la longueur supérieure de leurs pattes postérieures par rapport aux antérieures.
Quand il saute, les deux pattes arrière se déplacent en même temps et toute la surface inférieure du pied repose sur le sol. En revanche, quand le lapin se déplace lentement, seule la pointe du pied repose sur le sol.

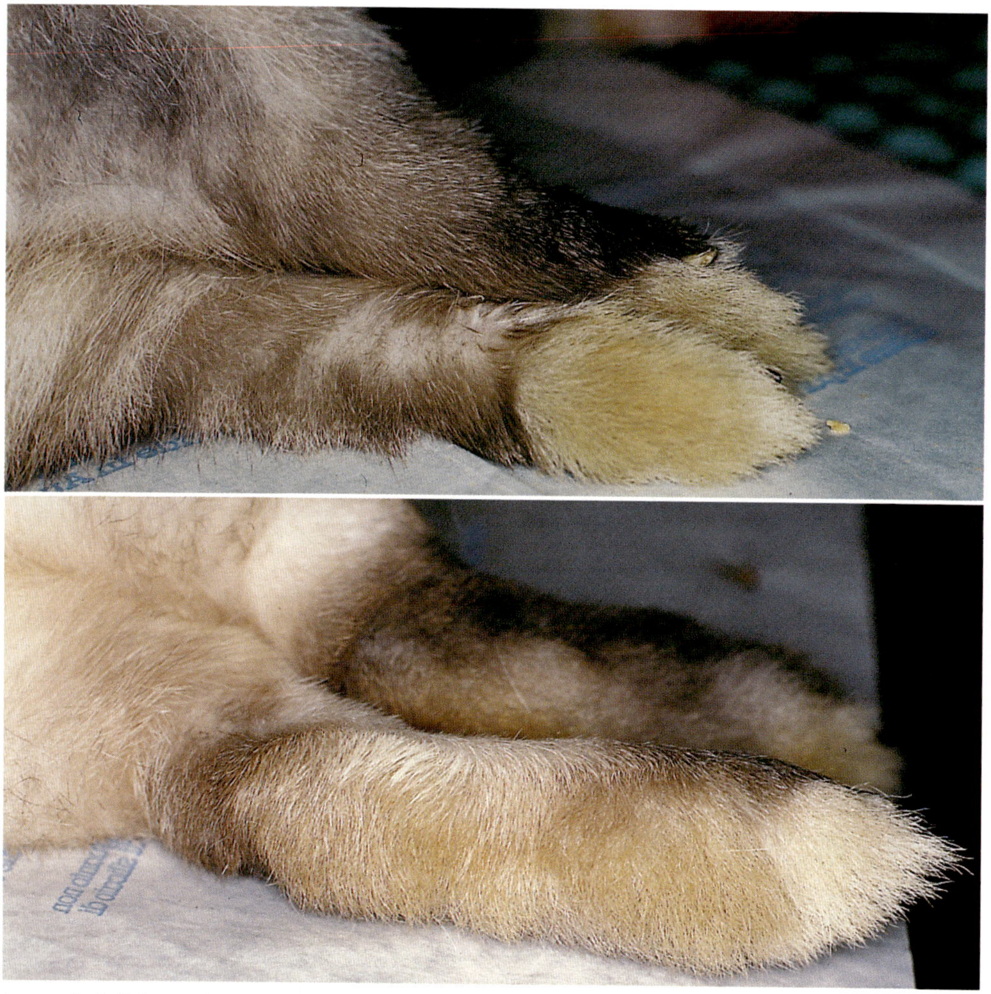

La partie inférieure des pattes, qu'il s'agisse des antérieures (en haut) ou des postérieures (ci-dessus), est entièrement recouverte de fourrure

Les lapins ne marchent pas mais se déplacent en sautillant

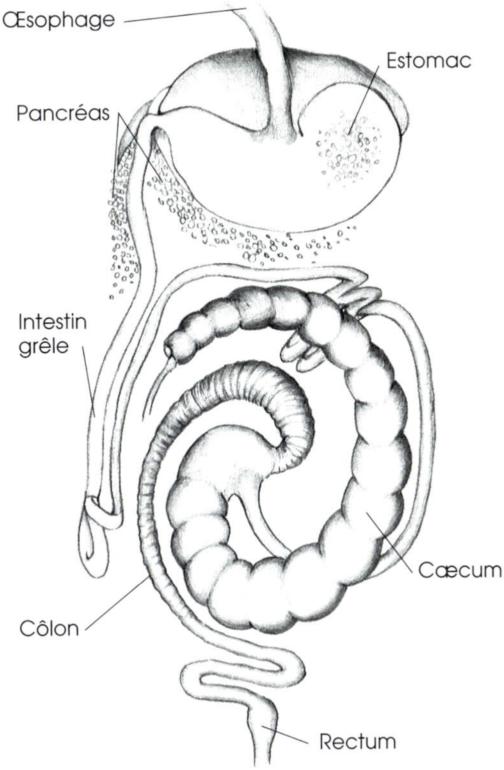

Dessin modifié à partir de « Self-Assessment Color Review of Small Mammals » de Brown & Rosenthal

Les organes internes

Comparativement aux dimensions de son corps, la **cavité thoracique** du lapin est relativement petite, tout comme le **cœur** ; la fréquence cardiaque au repos est de 180 à 250 battements à la minute. La **cavité abdominale**, séparée du thorax par le diaphragme (un muscle respiratoire), est en revanche particulièrement ample.

L'**estomac** est assez volumineux et sert « d'entrepôt » : en effet, chez un animal en bonne santé il est toujours plein de nourriture et en raison de sa structure anatomique particulière, le lapin ne peut pas régurgiter.

L'estomac se prolonge dans l'**intestin grêle**, qui est long et fin et qui a comme fonction d'assimiler le fructose (un sucre présent dans les fruits) et les protéines.

Le **gros intestin**, divisé en côlon et en cæcum, est très développé, notamment dans la partie du cæcum. S'il est réduit chez l'homme à un petit appendice, il représente chez le lapin l'organe le plus volumineux et il occupe la plus grande partie de la cavité abdominale. Le cæcum est une structure en cul-de-sac qui part de la jonction entre l'intestin grêle et le côlon.

Le côlon présente sur toute sa longueur des renflements, appelés haustrations, formés par

L'IMPORTANCE DES FIBRES

Plusieurs études menées sur la rapidité du transit des particules alimentaires dans le système digestif du lapin démontrent que ce sont les fibres, c'est-à-dire la partie la plus grossière de l'aliment, qui maintiennent son intestin en bonne santé et en activité. Il a en effet été prouvé que les particules alimentaires les plus grossières, de 3 mm environ, ont besoin de 14 heures pour quitter le système digestif, tandis que les plus petites, de 1 mm environ, ne ressortent qu'au bout de 16 heures. Un aliment en granulés finement hachés, qui contient un taux de fibres très faible et un taux d'amidon élevé, a besoin d'au moins 20 heures pour parcourir le système digestif, tandis que des particules de 5 mm, qui correspondent aux dimensions du foin mastiqué, quittent le système digestif au bout de 5 heures seulement. Cela signifie que plus l'aliment est composé de petites particules (dérivées d'aliments raffinés), plus l'intestin a du mal à les expulser, tandis que des particules plus grosses stimulent l'activité intestinale.

la disposition particulière des fibres musculaires et qui ont une importance fondamentale dans la physiologie du lapin. Ils sont en effet responsables de la séparation des particules entre petites et grosses (les fibres), pour tous les aliments qui n'ont pas été assimilés par l'intestin grêle et qui sont parvenus intacts dans le côlon. Contrairement à ce que l'on pourrait penser et à ce qui se produit chez les autres animaux, les particules grossières ressortent plus rapidement de l'organisme sous forme de petites boules dures de selles. Les particules plus fines sont en revanche repoussées dans le cæcum. L'aliment est ensuite digéré grâce notamment aux bactéries qui y logent (un processus appelé « fermentation ») et qui synthétisent de nombreuses substances nutritives parmi lesquelles les vitamines du groupe B. Le contenu du cæcum est alors expulsé sous forme de cæcotrophes, un type d'excréments particuliers d'une consistance molle et d'une couleur verte recouverts de mucus. Ils ont pour fonction de protéger les bactéries de l'action des sucs gastriques afin qu'ils poursuivent leur processus de fermentation et produisent des substances nutritives. Le lapin prélève le cæcotrophe directement par l'anus et récupère les nombreuses substances nutritives qu'il contient. Ce phénomène, appelé coprophagie, se manifeste également chez les autres Lagomorphes et chez de nombreux Rongeurs.

Pour que l'appareil digestif du lapin fonctionne correctement, il est donc indispensable que sa diète soit très riche en fibres, éléments essentiels pour maintenir l'activité gastro-intestinale. Si les fibres sont absentes du régime alimentaire, la progression de la nourriture ralentit progressivement avant de s'arrêter totalement. On parle alors de stase intestinale, un problème malheureusement fréquent chez les lapins domestiques nourris avec des aliments trop raffinés mais inconnu du lapin sauvage qui ne mange que des aliments grossiers et pauvres, qu'il digère cependant très bien.

La zone génitale d'un mâle : les testicules sont pratiquement glabres

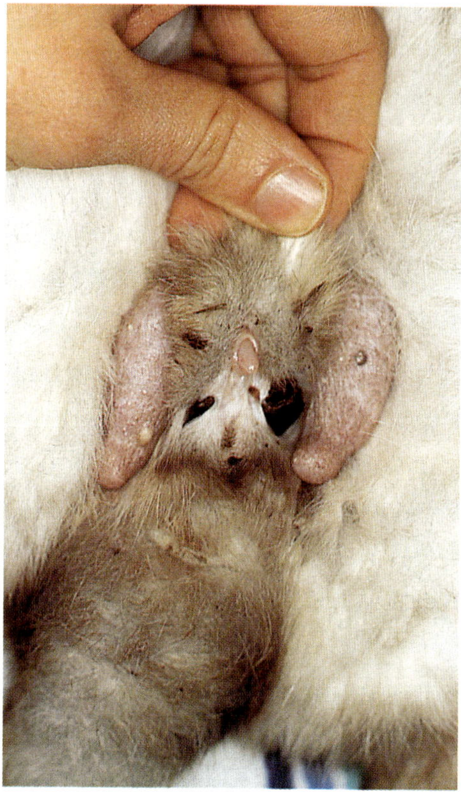

La zone génitale d'une femelle : la vulve est située au-dessus de l'anus

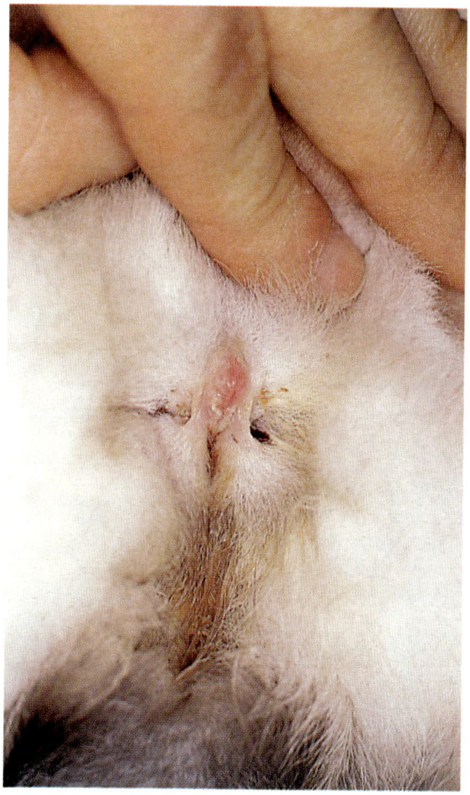

LES PRINCIPALES VALEURS PHYSIOLOGIQUES

Poids : de moins de 1 kg à plus de 8 kg. Le poids varie en fonction de la race et habituellement, la femelle est plus grosse que le mâle.

Température rectale : 38,5-40 °C.

Fréquence cardiaque : 180-250 battements à la minute.

Fréquence respiratoire : 30-60 respirations à la minute.

Volume sanguin : 55-70 ml/kg de poids.

Consommation de nourriture : 50 g/kg de poids par jour.

Consommation d'eau : 50-100 ml/kg de poids par jour.

Le dimorphisme sexuel

Il est difficile de distinguer les mâles des femelles chez les lapereaux de quelques semaines : en effet, à leur âge, le pénis comme la vulve sont situés à la même distance de l'anus et ont un aspect semblable. Si l'on appuie sur la base de l'organe génital, on remarque toutefois une ouverture : arrondie chez le mâle, elle a la forme d'une fissure allongée chez la femelle.
À l'âge de trois mois, les testicules du mâle descendent de chaque côté du pénis (ils étaient auparavant à l'intérieur de la cavité abdominale). Ils sont facilement reconnaissables parce que la peau qui les recouvre est pratiquement dépourvue de poils.

Le comportement du lapin dans la nature et en captivité

Les lapins sauvages creusent dans le sol des terriers souterrains profonds et complexes. Souvent construits à la lisière des zones boisées qui bordent les prés ou les champs cultivés, ces terriers sont composés de plusieurs chambres et comportent de nombreuses entrées. C'est dans ces terriers que les lapins passent toute la journée, ne sortant surtout qu'au crépuscule ou qu'à l'aube pour rechercher de la nourriture.
Ils se nourrissent d'herbes, de feuilles, de bourgeons, de racines et en hiver, quand la nourriture se fait plus rare, également d'écorce d'arbres. Leur diète relativement pauvre du point de vue nutritif est compensée par la coprophagie qui leur permet d'utiliser plus efficacement les aliments.
Animaux sociaux, grégaires et hiérarchiques, les lapins vivent en groupes familiaux composés en moyenne de six à dix exemplaires. La femelle dominante et son compagnon, qui commandent sur les autres, marquent leur territoire ainsi que les autres lapins du groupe (en frottant leurs glandes sur eux) pour pouvoir les reconnaître à l'odeur et chasser les individus étrangers. Ce comportement s'observe aussi chez le lapin domestique qui marque son territoire avec son odeur pour le rendre plus « familier » et se sentir plus en sécurité. Ainsi, si votre lapin frotte son menton contre un objet ou sur votre main, c'est pour y laisser sa « trace » odorante et se l'approprier. Les lapins marquent leur territoire tout aussi efficacement avec leur urine, comme le font les chats : cette habitude gênante peut être éliminée grâce à la stérilisation.
Les lapins sauvages doivent se méfier de nombreux prédateurs contre lesquels ils n'ont aucune défense, si ce n'est de rester immobiles pour ne pas se faire repérer ou de s'enfuir pour se réfugier dans leur terrier. Cet instinct qui pousse le lapin à se cacher ou à s'échapper quand la situation devient dangereuse lui a donné la réputation d'être un animal peureux. Nous retrouvons cette attitude chez le petit lapin domestique qui, pour essayer de passer inaperçu, s'aplatit contre le sol et rabat ses oreilles contre le corps, ou bien, quand il est effrayé par un bruit soudain, tente de s'enfuir précipitamment (avec des conséquences parfois désastreuses étant donné l'exiguïté de l'espace dont il dispose souvent).
Quand un lapin rencontre un adversaire de son espèce ou qu'il doit affronter une agression sans qu'il puisse s'enfuir, il devient un combattant agressif, capable de mordre, de donner des coups de pattes vigoureux et d'infliger des griffures importantes.

LA LONGÉVITÉ DU LAPIN

Théoriquement, un lapin peut espérer vivre au maximum jusqu'à 15 ans.
La longévité moyenne des lapins de compagnie est toutefois de 8 à 10 ans, s'ils sont élevés dans de bonnes conditions et nourris correctement.

Les races : la sélection de l'homme et de la nature

Le lapin sauvage est un animal de taille réduite par rapport à la plupart des races domestiques actuelles, avec un poids moyen qui varie de 1,5 à 2,5 kg et une longueur de 38 à 50 cm. Sa couleur, définie comme « agouti », est caractérisée par des poils dont la pointe est noire et qui se nuancent en gris-bleu à la base, avec des bandes jaunes ou blanches. Sa robe est un mélange de poils principaux plus longs entièrement noirs, tandis que son abdomen et la partie inférieure de ses membres sont blancs. Cette coloration « mimétique » a pour but de protéger l'animal des prédateurs, en lui permettant de se fondre dans le paysage. Toutefois dans la nature, on trouve également des sujets noirs, blancs ou fauves, résultats de mutations spontanées.
Toutes les races existantes, avec leurs innombrables variétés de couleur, de taille, de conformation, de type d'oreilles et de poil, ont pour origine le lapin sauvage. Les nouvelles races sont nées de deux façons différentes : dans certains cas (comme pour le Rex, le Satin ou la Tête de Lion), il s'agit de mutations spontanées apparues dans une portée ; le plus souvent, en revanche, les nouvelles races ont été obtenues en croisant entre eux des animaux de races préexistantes (comme dans le cas de la Fée perlée, née du croisement entre des sujets Havane et Fée de Marbourg). Les lapins qui sont le fruit de ces croisements sont à leur tour croisés entre eux sur plusieurs générations, afin de sélectionner les sujets présentant les caractéristiques désirées et de fixer ces caractères.
De nouvelles races sont continuellement créées, mais il faut en général plusieurs années avant que leurs caractères soient bien fixés, que leur standard soit rédigé et accepté et qu'elles soient ainsi officiellement reconnues. Le nombre et le type de races reconnues, tout comme leur standard, varient d'un pays à l'autre.
Nous allons vous présenter les races reconnues par le standard français ainsi que certaines races présentes dans d'autres pays.

LE STANDARD

Le « standard de la race » est une description détaillée des caractéristiques physiques (du poids à la couleur en passant par la structure du corps et le type de poil) qu'une race déterminée doit posséder. Le standard fournit des références aux éleveurs qui savent ainsi quelles caractéristiques sélectionner, et aux juges qui peuvent ainsi évaluer les sujets durant les expositions selon des paramètres objectifs.
Les lapins vendus comme animaux de compagnie correspondent rarement au standard précis de leur race. Toutefois, dans la majorité des cas, il s'agit d'un « manque » purement esthétique : quel que soit le lapin, qu'il soit de pure race ou métis, il peut en effet être un très bon animal de compagnie, indépendamment de la couleur de sa robe ou de ses dimensions.

LES RACES NAINES

Il existe deux types de races naines. Le premier consiste simplement à réduire le volume de la race dont provient le lapin (comme le Rex nain, dérivé du Rex) en conservant ses proportions exactes. L'autre type, comme le Nain ou l'Hermine, représente au contraire une véritable forme de nanisme caractérisée par une déformation de la structure d'origine, avec la tête (définie comme étant « de bulldog ») arrondie et la face aplatie (cette modification morphologique peut d'ailleurs provoquer une malocclusion dentaire). En revanche, contrairement à ce que l'on observe chez des sujets d'autres espèces animales atteints de nanisme, les membres sont droits. Du point de vue génétique, le facteur du nanisme est dominant par rapport au gène responsable de la taille normale. Les lapins nains possèdent le caractère du nanisme à l'état hétérozygote, c'est-à-dire qu'il ne provient que d'un des deux parents. Les petits qui présentent ce gène à l'état monozygote, c'est-à-dire hérité des deux parents, naissent difformes et meurent en quelques jours. Il est donc normal qu'en croisant deux lapins nains, 25 % des petits meurent de façon précoce, 25 % n'héritent pas du facteur du nanisme et que les 50 % restants soient en revanche des lapins nains.
Les races naines reconnues par le standard français sont les suivantes : Bélier Nain, Angora Nain, Hermine et Nains de couleur. Parmi les autres races naines reconnues dans différents pays, il faut aussi citer : American Fuzzy Lop, Bélier Cachemire, Anglais Petit, Blanc de Hotot Nain, Jersey Wooly et Rex Nain.
Enfin, même si ce n'est pas à proprement parler une race naine, la Hollandaise est une race de petite taille très populaire.

Alaska

Poids : 3,5-4 kg.
Sélectionné dans les années vingt en Allemagne, il vient probablement d'une forme mélanique (c'est-à-dire complètement noire) de la race Russe. Il a une belle robe noir intense, brillante, avec un sous-poil bleu. Ses yeux sont bruns et ses ongles noirs.

Américain

Poids : 4-5,4 kg.
Cette race, sélectionnée en Californie au début du vingtième siècle, est caractérisée par un corps en forme de mandoline (plus bas au niveau des épaules et plus haut à l'arrière). Elle présente deux colorations : blanc avec des yeux roses et bleu avec des yeux bleus.

American Fuzzy Lop

Poids : 2 kg.
Créée à partir de lapins de race Bélier Hollandais porteurs du gène Angora, cette race a une tête arrondie et la face écrasée, deux caractéristiques typiques des races naines. Sa robe nécessite un brossage périodique pour rester en bonne condition. Les couleurs acceptées officiellement par le standard américain sont bleu, châtain, chinchilla, lynx, opale, écureuil, *pointed* blanc, blanc avec des yeux bleus, chocolat, lilas, blanc avec des yeux rouges, zibeline point, siamois zibeline, siamois *smoke pearl*, tortue, fauve, noir et orange mais on peut aussi trouver des sujets présentant beaucoup d'autres colorations.

Anglais Petit

Poids : 1-1,2 kg.
C'est la version nord-américaine du Polonais (ou Hermine), qui existe dans les couleurs suivantes : blanc avec les yeux rubis, noir loutre, noir et agouti châtain. Aux États-Unis, seules les couleurs blanche avec les yeux rubis et noir loutre sont admises.

Angora

Toutes les races Angora ont un poil long qui nécessite des brossages quotidiens

Poids : 3,5-4 kg.
Selon certains spécialistes, le caractère Angora a été créé en Turquie, tandis que selon d'autres sources, cette mutation serait apparue pour la première fois en Angleterre. Les races Angora sont caractérisées par une robe très longue, à l'aspect laineux. Chez cette race, la croissance du poil dure trois mois au lieu d'un chez les lapins normaux, et il atteint donc une longueur nettement supérieure. Les lapins Angora demandent beaucoup d'entretien : ils doivent être brossés tous les jours pour éviter que leurs poils ne forment des nœuds inextricables. La coloration la plus courante est le blanc albinos, mais toutes les couleurs sont admises.

Angora Anglais

Poids : jusqu'à 3,4 kg.
Il a une robe très longue, fine et soyeuse, avec une longue frange sur le front et des franges sur les oreilles. Les couleurs rencontrées sont l'agouti, le *pointed* blanc, l'uni, l'ombré, le *ticked* et le « bande blanche ».

Angora Français

Poids : 3,4-4,7 kg.
Il a une robe très longue, un peu plus rêche que celle de l'Angora Anglais et, contrairement à ce dernier, sans frange. Cette race a été signalée pour la première fois en France en 1723, apparemment importée par des négociants anglais, et elle s'est progressivement diffusée dans tout le pays.

Angora Géant

Poids : 4 kg et plus.
C'est une version plus grande de l'Angora Anglais.

Angora Nain

Poids : 1,2-1,5 kg.
C'est une version en miniature de l'Angora Français, provenant de croisements avec des lapins nains.

Angora Satin

Poids : 3-4 kg.
Il a été créé au Canada, à partir du croisement entre un lapin Satin et un Angora Français. Le poil a un aspect brillant, typique des lapins Satin, qui ont donné son nom à la race.

Argenté Anglais

Poids : 2,7-3 kg.
C'est la version plus petite de la race précédente. Elle peut avoir une robe noir argenté, jaune argenté, bleu argenté, havane argenté ou gris lièvre argenté. L'aspect argenté est dû, comme chez la race précédente, à la pointe blanche des poils principaux.

Argenté de Champagne

Poids : 4,5-5 kg.
C'est une des plus anciennes races de lapins, élevée en France depuis plus de 100 ans. Le nom Champagne ne se réfère pas à sa couleur mais à sa région d'origine probable. Elle a une splendide robe fournie qui est noire à la naissance et qui devient ensuite couleur argent. Sa coloration de couverture est bleue et gris argenté, uniforme sur tout le corps. Les oreilles, le museau, la queue et les pattes peuvent apparaître noirâtres aux extrémités. Les yeux sont bruns, les ongles noir foncé. L'aspect argenté est dû à la présence de deux types de poils principaux, l'un noir et l'autre avec une extrémité blanc argenté.

Argenté Grand

Poids : 4,5-5 kg.
Elle a une fourrure très épaisse, avec une coloration entièrement uniforme sur tout le corps qui peut être noire, bleue, jaune ou gris lièvre argenté. L'aspect argenté est dû à de nombreux poils principaux à la pointe blanche.

Arlequin

Poids : 3,5-4 kg.
Sélectionné en France à la fin du dix-neuvième siècle à partir du Hollandais à la robe tortue, il est caractérisé par une coloration particulière, très difficile à obtenir. Le standard prévoit la présence de bandes alternées de deux couleurs, séparant nettement la face en deux. De plus, la couleur de chaque oreille doit être inversée par rapport à celle du côté de la face correspondant.
Si une des couleurs (qui peuvent être le noir, le bleu, le chocolat ou le lilas) est combinée avec le fauve ou l'orange doré, cette race prend le nom de Japonais, connue surtout avec les couleurs noir et jaune.
Les tonalités du jaune peuvent aller de l'orangé au fauve, avec une préférence pour le jaune orangé.
Si la couleur est combinée avec du blanc, la robe est définie comme « magpie ». Il existe également une variété avec la robe Rex.

Bélier

Poids : 4,5-5,5 kg et plus.
Ce Bélier a un corps large et massif, le nez typiquement convexe et la fourrure fournie, avec un poil de 4 cm de long environ. Les oreilles, dont la longueur varie de 38 à 45 cm, tombent sur les côtés de la tête, formant un fer à cheval caractéristique. Toutes les colorations sont admises, sauf l'argenté.

Bélier Anglais

Poids : 4,75-5 kg.
Sélectionnée en Angleterre au début du dix-neuvième siècle, c'est la première race de lapin qui a participé à une exposition.
La partie postérieure relevée donne au corps

une forme de mandoline, mais la caractéristique principale de cette race est représentée par les oreilles, qui sont si longues qu'elles vont jusqu'au sol. Le standard prévoit que l'écart entre les deux pointes doit être d'au moins 58 cm.
Le record officiel est de 72,4 cm !
Il existe beaucoup de variétés de couleur et le standard admet en effet n'importe quelle coloration, y compris les robes tachetées, à la seule exception de l'argenté. Cette race n'est pas adaptée aux débutants parce que ses oreilles nécessitent des soins particuliers et sont sources de nombreux problèmes.

LES OREILLES DES RACES BÉLIER

On définit comme Bélier toutes les races de lapin dont les oreilles, au lieu d'être portées dressées, pendent vers le bas, et sont incapables de bouger de façon autonome. Il existe dans beaucoup de pays des types de races Bélier différentes, avec des conformations diverses. Curieusement chez ces races, on ne mesure pas les oreilles de la pointe à la base, mais de la pointe d'une oreille à la pointe de l'autre.

Bélier Cachemire

Poids : 1,8-2,4 kg.
C'est une version à poil long du Bélier Nain, dont il possède les mêmes caractéristiques physiques.

Bélier Français

Poids : minimum 4,5 kg (standard anglais) ; minimum 5 kg (standard français).
Sélectionné en France au milieu du dix-neuvième siècle à partir du Bélier Anglais et de races françaises, il a un corps massif et bien proportionné, des oreilles qui retombent sur les côtés de la tête en forme de fer à cheval mais qui ne doivent pas toucher le sol. La couleur la plus répandue est l'agouti, mais toutes les colorations sont admises.

Bélier Nain (ou Bélier Hollandais)

Poids : idéal 1,5 kg.
Reconnue en 1980, c'est la race Bélier la plus petite, qui a été développée aux Pays-Bas à partir de Béliers Français et Anglais et de lapins Nains. La tête est compacte (« de bulldog ») et les oreilles, de 24 à 28 cm de longueur, ne doivent pas toucher le sol. Les variétés de couleur existantes sont très nombreuses et toutes les colorations sont admises, sauf l'argenté.

Bélier Petit

Poids : 3-3,25 kg.
Sélectionné aux Etats-Unis en 1974, il ressemble à une version en miniature du Bélier Français. Il existe une très large gamme de couleurs et toutes les colorations sont admises, sauf l'argenté.
La longueur des oreilles doit être de 30 à 38 cm.

Blanc de Floride

Poids : 2-2,7 kg.
Sélectionnée dans les années soixante en croisant les races Hollandaise, Hermine et Néo-Zélandais blanc, cette variété a un corps compact, malheureusement spécialement développé pour l'industrie de la boucherie et l'expérimentation scientifique.
Elle est entièrement blanche avec les yeux roses.

Blanc de Hotot

Poids : 4-4,5 kg.
Sélectionnée en France, cette race a été reconnue en tant que telle en 1979. Son corps est entièrement blanc, à l'exception d'un anneau noir autour des yeux qui doit avoir une largeur uniforme de 3-5 mm. Les yeux sont d'une coloration brun noirâtre.

Blanc de Hotot Nain

Poids : 1,2-1,4 kg.
Originaire d'Allemagne, elle vient du croisement entre le Blanc de Hotot et des races naines. La coloration est la même que celle du Blanc de Hotot, dont elle représente une version miniature.

Bleu de Beveren

Poids : 3,6 kg et plus.
Sélectionnée en Belgique à la fin du dix-neuvième siècle, cette race existe en cinq variétés : bleu, noir, marron, lilas et blanc, cette dernière ayant les yeux bleus.

Californien

Poids : 3,75-4,3 kg.
Créée en Californie dans les années vingt, elle a été sélectionnée comme une race de boucherie à partir de Néo-Zélandais blancs, de Russes et de Chinchillas. Elle a une robe blanche avec des taches gris noirâtre (qui virent au noir à la saison froide) sur le museau, les oreilles, la queue et les pattes. Des taches bleues et havane sont admises. Les yeux sont rouge albinos, les ongles couleur corne de préférence foncés. En Angleterre, les extrémités de couleur chocolat, bleue ou lilas sont admises.

Cannelle

Poids : 4,3 kg.
Reconnue en tant que race aux États-Unis en 1972, elle provient de différents croisements obtenus à partir de Néo-Zélandais blancs, de Chinchillas, de Géants Papillons et de Californiens. Elle a une robe couleur rouille ou cannelle, avec des nuances gris souris et argenté.

Chamois de Thuringe

Poids : 3,5-4 kg.
Sélectionnée en Allemagne à partir de parents de race Russe et Argenté, elle a une robe jaune-brun mêlée de poils principaux bleu noirâtre qui lui donnent une nuance noir souris. Elle présente des taches de couleur suie qui forment un masque sur la face (qui ne dépasse toutefois pas les yeux), des cercles autour des yeux et une bordure sur les joues, les oreilles, les pattes, la queue, les flancs et les cuisses. Le sous-poil est jaune-roux sur le dos mais gris bleuâtre nuancé sur les taches et les parties foncées du corps.

Chinchilla

Cette catégorie comprend trois races que l'on distingue selon leur poids : le Chinchilla Américain (4 kg), le Grand Chinchilla (4,5-5 kg) et le Petit Chinchilla (2,5-2,75 kg).
Elles sont toutes caractérisées par le même type de poils gris foncé à la base, perle au milieu et noir à la pointe. Leur coloration rappelle celle du chinchilla, le rongeur sud-américain dont la fourrure est très recherchée. La race sélectionnée en premier a été le Petit Chinchilla, créé en France au début du vingtième siècle pour l'industrie de la boucherie et pour sa fourrure.

Crème d'Argent

Poids : 4,5 kg.
Il est originaire de France. Sa couleur en surface est blanc crème avec une nuance orangée ; son sous-poil est orange brillant et fin à la base. Sa robe est saupoudrée de poils principaux orange sauf le ventre qui est blanc crème. La couleur qui en résulte est orange argenté. Le museau présente une tache typique de la race. Les yeux sont marron.

Doré de Saxe

Poids : 2,75-3,25 kg.
D'origine allemande ou hollandaise, cette race est caractérisée par une robe uniforme d'une belle couleur fauve intense et brillante. Son sous-poil est fauve pâle tendant vers le jaune.

Fauve de Bourgogne

Poids : 4,5-5 kg.
Créée en France au début du vingtième siècle, cette race a une structure robuste et une fourrure d'une couleur roux-fauve uniforme ; la partie ventrale du corps, le menton et les cercles autour des yeux sont plus clairs.

Fée de Marbourg

Poids : 2,75-3 kg.
Sélectionnée en Allemagne à partir de croisements de sujets havane nés avec une robe gris clair, cette variété a un corps légèrement trapu et un dos bien arrondi. Les pattes, très fines et droites, constituent la caractéristique typique de la race. La couleur est gris bleu clair avec un léger reflet brunâtre plus évident sur la tête et sur les oreilles. La peau est très dense et soyeuse.

Fée Perlée

Poids : 2,5-3 kg.
Cette race, peu répandue, est née en Allemagne à partir du croisement entre des sujets Havane et Fée de Marbourg. Son corps présente une couleur uniforme et trois nuances sont admises : claire, moyenne (la plus recherchée) et foncée. La robe est fournie, avec la pointe des poils principaux gris

clair et gris foncé, qui lui donnent son aspect gris-bleu typique. On relève également des zones à la coloration beaucoup plus claire autour des yeux, sous la mandibule, sur la poitrine et sur la partie interne des pattes. Le ventre est blanc et le sous-poil gris-bleu. Une zone marron sépare la zone colorée de l'abdomen du reste du corps.

Feu Noir

Poids : 2,5-3 kg.
Cette race a été sélectionnée à la fin du dix-neuvième siècle à partir du croisement entre lapins domestiques et sauvages. Elle a une très belle robe, dense et brillante, caractérisée par un contraste de couleur créé par le dégradé de coloration plus claire sur le ventre, la queue, les cercles des yeux et la nuque. On trouve également des variétés noir feu (la plus ancienne), bleu feu et havane feu.

Géant

Poids : 5,5-7 kg et plus.
C'est une race de grande taille et d'une grande masse musculaire. Les oreilles, portées en « V », doivent mesurer au moins 16 cm de longueur. La fourrure est fournie et les couleurs admises sont le gris sauvage, le gris lièvre, le gris foncé, le gris fer, le gris acier, le bleu, le lièvre et le fauve.

Géant Anglais

Poids : minimum 5,7 kg.
Sélectionnée dans les années quarante à partir de sujets Géant des Flandres de couleur, cette race leur ressemble beaucoup mais sa robe est de couleur blanche, noire, bleue, opale, gris foncé ou gris marron.

Géant Blanc

Poids : 5-6,5 kg et plus.
Cette race est également de grande taille. Les oreilles, portées en « V », doivent mesurer au moins 15,5 cm de longueur. La fourrure a une couleur blanche (et dans ce cas les yeux sont généralement rouges), mais la coloration bleu clair est admise.

Géant des Flandres

Poids : 5-10 kg (standard anglais).
Connue en 1860, cette race a été importée quelques années plus tard aux États-Unis, où elle est actuellement très populaire. Les couleurs admises dans ce pays sont les suivantes : noir, bleu, fauve, gris clair, sable, gris acier et blanc. En Angleterre, cette race est de couleur gris acier foncé.

Géant Papillon

Poids : 5-6 kg et plus.
On considère que cette race vient du Géant des Flandres. Elle fut importée aux États-Unis en 1910. Cette race est caractérisée par la présence de taches noires sur les flancs (dans l'idéal, de six à huit, de 3 cm de diamètre) et sur les joues, par une tache en forme de papillon sur le nez, par des cercles noirs autour des yeux et une bande noire sur le dos. Le reste du poil est blanc. Aux États-Unis, on admet également les taches de couleur bleue.

Havane

Poids : 2,7-3 kg.
Il dérive du Hollandais et a été sélectionné aux Pays-Bas à la fin du dix-neuvième siècle. Sa coloration est uniformément brun-châtain brillant, tandis que son sous-poil est bleu avec un fond plus clair.

Hermine (ou Polonais)

Poids : idéal 1,2 kg, admis jusqu'à 1,5 kg.
C'est la première race naine qui a été sélectionnée. Elle a été créée en Angleterre vers 1880 sous le nom de Polonais à partir de sujets de race Hollandaise nés avec la robe blanche. La sélection a ensuite été per-

fectionnée en Allemagne, où la race a pris le nom d'Hermine. Sa posture est caractéristique, avec les membres antérieurs droits et le dos arqué, comme la race du Lièvre. Les oreilles sont droites et courtes, avec une longueur idéale de 5,5 cm. Elle a une constitution naine caractéristique, avec la tête arrondie et les yeux grands, dits « de grenouille ». On admet les sujets à la coloration blanche avec des yeux bleus ou avec des yeux rubis. Aux États-Unis, la race correspondante est l'Anglais Petit.

HOLLANDAIS

Poids : 2,5-2,75 kg.
Originaire des Pays-Bas, c'est une des races les plus anciennes et une des plus faciles à reconnaître.
La robe est de deux couleurs, dont l'une est toujours le blanc. Toutes les colorations pures sont admises, même celle du Japonais.
La moitié antérieure du corps, les membres postérieurs et un « V » inversé sur la tête sont blancs, tandis que le reste du corps, les oreilles et les joues sont colorés. Il est donc très difficile d'obtenir une excellente répartition de la couleur sur l'ensemble du corps.

JAPONAIS

Poids : 3,5-4 kg.
C'est une variété de la race Arlequin dans laquelle une des deux couleurs de la robe (qui peut être noire, bleue, chocolat ou lilas) est combinée avec le fauve ou l'orange doré.

JARRE BLANC

Poids : 3,5-4 kg.
Cette race, développée au début du vingtième siècle, provient de sujets de couleur anormale nés chez des Chinchillas standard à la suite de croisements avec des Feus noirs. La robe présente un net contraste de couleur entre la partie dorsale du corps et le blanc argenté de l'abdomen, des cercles autour des yeux, de l'intérieur des oreilles et du triangle derrière la tête. Il existe également des variétés noire, bleue et brune.

JERSEY WOOLY

Poids : 1,4-1,6 kg.
Sélectionnée dans le New Jersey en 1980 à partir de l'Angora croisé avec des races naines, elle a une fourrure laineuse, dont le poil devrait mesurer jusqu'à 7,5 cm de longueur. Il existe de nombreuses variétés de couleur. Cette race a besoin d'un brossage quotidien pour que sa robe reste ordonnée.

LIÈVRE

Poids : 3,5-4 kg.
Malgré son nom, il s'agit d'une race de lapin, bien que son aspect élancé rappelle effectivement celui du lièvre. Sélectionnée en Belgique, elle a ensuite été développée en Angleterre, où elle a été importée à la fin du dix-neuvième siècle. Sa posture est caractéristique, avec les pattes antérieures droites et le dos arqué. Sa robe est d'une belle couleur roux renard, très lumineuse, avec des nuances ondulées couleur feu et châtain apportées par des touffes de poils principaux à la pointe noirâtre.

LILAS

Poids : 2,5-3,2 kg.
Cette race, qui représente une version diluée de la Havane, a été sélectionnée en Angleterre au début du vingtième siècle à partir de sujets Beveren bleus et Havane. Elle doit son nom à la couleur gris tortue nuancée de rose de sa robe, qui est épaisse et présente une coloration uniforme.

LYNX

Poids : 2,5-3 kg.
Cette race, sélectionnée en Allemagne en 1920 à partir de croisements entre Feu et Fée de Marbourg, est caractérisée par des poils bleu argenté en surface, roussâtres au milieu et blancs à la base, ce qui donne à la robe une coloration violacée très particulière. Les yeux sont cerclés de noir.

MARTRE

Poids : 2,7-3,2 kg.
Elle a une robe brune ou bleue, avec une tonalité plus foncée sur le masque du visage (qui va jusqu'à la hauteur des yeux), les oreilles, les cercles autour des yeux, les pattes, la queue ainsi que sur une bande de 8 cm de large environ qui parcourt toute la partie supérieure du dos.

NAINS DE COULEUR

Poids : maximum 1,2 kg.
Génétiquement semblables au Polonais (ou Hermine) dont ils dérivent, ils peuvent avoir des robes de toutes les colorations des races reconnues, à l'exception des Papillons. Leur structure est typique de l'Hermine, avec le corps trapu et la tête arrondie. La longueur maximale des oreilles est de 7 cm.

Nain couleur chamois

Nain couleur lièvre

Nain noir

Néo-Zélandais

Sélectionnée comme race de boucherie au début du vingtième siècle aux États-Unis, elle se présente sous trois variétés : le Néo-Zélandais blanc (4,3-4,7 kg), le Néo-Zélandais roux (4-4,3 kg) et le Néo-Zélandais noir (4,3-4,7 kg). En Angleterre, une variété bleue a également été sélectionnée. En Italie, elle est reconnue sous deux races distinctes : le Néo-Zélandais blanc, entièrement albinos, avec des yeux rouges et des ongles roses, et le Néo-Zélandais roux, avec une robe roux renard, des yeux bruns et des ongles couleur corne foncée. Le Néo-Zélandais noir, qui est la moins répandue, répond parfaitement au standard du Néo-Zélandais blanc, mais sa coloration est noire uniforme sur tout le corps, elle a des yeux marron foncé et des ongles couleur corne foncée.

Palomino

Poids : 5 kg.
Sélectionnée aux États-Unis dans les années cinquante, cette race est d'une belle couleur doré clair avec un sous-poil blanc ou crème. Il existe aussi une variété, dite Lynx, de couleur gris perle nuancée d'orange, avec un sous-poil crème.

Papillon Anglais

Poids : 2,5-3 kg.
Sélectionnée à la fin du dix-neuvième siècle en Angleterre, cette variété ressemble beaucoup au Géant Papillon du point de vue de la répartition de ses taches de couleur, mais elle s'en différencie par la présence de taches sur les côtés qui forment une sorte de chaîne (définie par le standard comme « bandes doubles ou triples ») de petits points colorés qui partent de la nuque, traversent les flancs en biais et se terminent en taches plus grosses sur les cuisses. Les couleurs de taches admises (dont la répartition idéale, c'est-à-dire qui respecte le standard anglais, est très difficile à obtenir) sont le noir, le bleu, le madagascar, le fauve et le havane. La couleur des yeux correspond à la couleur du dessin. Les ongles sont incolores.

Papillon Rhénan

Poids : 3,5-3,7 kg.
Sélectionnée en Allemagne, elle est caractérisée par une robe à trois couleurs dont la principale est le blanc avec des taches noires et jaunes bien délimitées et non superposées. Les oreilles peuvent être entièrement noires ou tachetées ; la face présente une tache en forme de papillon ; les yeux sont cerclés d'un anneau coloré et des taches d'une des deux couleurs sont présentes sur les joues, tandis que le reste du corps doit comprendre des taches des deux couleurs. Une bande de deux couleurs, de 2 cm de large environ, va de la nuque à la pointe de la queue, tandis que de six à huit taches régulières, également des deux couleurs, sont toujours présentes sur les flancs. Comme pour le Papillon Anglais, il est très difficile d'obtenir une répartition des taches qui respecte parfaitement le standard.

Renard

Poids 3-3,25 kg.
Sélectionnée en Suisse à partir de croisements entre Angora, Chinchilla et Havane, cette race a une structure compacte et un poil épais et long (5-6 cm) sur tout le corps, à l'exception de la tête, des oreilles et des pattes. Les colorations blanche avec des yeux rouges ou bleus, bleue, jaune, havane, chinchilla et fée sont admises.

Renard Argenté

Poids : 2,5-3,2 kg.
Cette race, développée en 1921, est la deuxième race américaine la plus ancienne. Elle a une robe de la même couleur que celle du renard argenté, même s'il existe les variétés bleue, chocolat et lilas.

Rex

Poids : 2,5-5 kg.
La caractéristique de cette race est une mutation du poil (qui doit avoir une longueur de 1,7-2 cm et ne jamais dépasser 2,3 cm) qui donne à la robe un aspect velouté. Cette mutation a été observée pour la première fois en France en 1919. Les variétés de couleur reconnues par le standard sont très nombreuses.

Rex Nain

Poids : 1,5-2 kg.
D'origine texane, cette race provient d'un sujet de petite taille né dans une portée de Rex et croisé à son tour avec un Nain. C'est donc une version en miniature du Rex, dont il conserve la même robe veloutée. Reconnue en 1988, elle existe sous une large variété de couleurs. Le poil doit avoir une longueur maximale de 1,25 cm, être dense et uniforme.

Russe

Poids : 2,25-2,5 kg.
Probablement sélectionnée en Asie, c'est une des races les plus anciennes. Dans les pays anglo-saxons, on l'appelle Himalayenne. Sa posture, qui donne à son corps un aspect cylindrique, est typique. D'une structure trapue et musclée, elle a une robe semblable à celle du Californien, avec un poil blanc et des taches de couleur (qui peuvent être noires, bleues ou havane) sur le museau, les oreilles, les pattes et la queue. Les yeux sont rouges et les ongles foncés.

Satin

Poids : 3-3,5 kg.
Il est caractérisé par une robe particulièrement brillante, résultat d'une mutation (apparue aux États-Unis chez un lapin de race havane à la fin des années trente) qui a altéré la structure du poil en le rendant très fin. Sa couleur originelle était l'albinos mais il existe actuellement de nombreuses variétés de couleur. Dans le standard italien, les colorations ivoire avec les yeux rouges ou bleus, noire, bleue, brune, fée, castor, lynx, havane, chinchilla fauve, rousse, martre (bleu, brun et jaune siamois) et argentée sont admises. Cette race est utilisée pour introduire le caractère « satin » chez d'autres races.

Sibérien

Poids : 2,3-3,2 kg.
Malgré son nom, cette race a été sélectionnée en Grande-Bretagne. Elle a une robe très dense d'une coloration noire, bleue, marron ou lilas.

Smoke Pearl

Poids : 2,3-3,2 kg.
Sélectionnée en Écosse en 1926, cette variété a une fourrure dense et douce dans plusieurs nuances de gris. La variété siamoise présente une zone gris souris sur le dos qui se nuance en marron gris perle sur les flancs, la poitrine et l'abdomen. Chez la variété Martre, les poils blancs sont en revanche mélangés à d'autres mais son ventre et les cercles autour des yeux sont blancs.

Sussex

Poids : 3,4 kg.
Sélectionnée récemment dans le Sussex par un croisement entre sujets Californiens et Lilas, cette race a un corps ovoïde avec le dos arrondi. Il en existe deux variétés : Sussex Doré, de couleur roux doré avec des nuances lilas ou marron clair et Sussex Crème, de couleur crème avec des nuances lilas clair.

Tête de Lion

Poids : 1,8 kg.
C'est une mutation récente, apparue en France et en Belgique, qui n'est pas encore bien standardisée. Elle doit son nom à la présence d'une crinière faite de longs poils autour du cou et qui sont moins abondants sur les flancs. Elle existe sous de nombreuses couleurs, la principale étant le crème doré. On trouve également des exemplaires de taille supérieure, provenant naturellement de croisements avec cette race, toujours caractérisés par leur crinière typique.

Vienne

Poids : 4-5 kg.
Elle existe sous deux variétés, classées dans le standard italien comme deux races distinctes : Bleu de Vienne (4,2-5 kg) et Blanc de Vienne (4-4,3 kg). Sélectionnée en Autriche à la fin du dix-neuvième siècle à partir de lapins gris-bleu de race Argenté, elle est caractérisée par un corps robuste d'aspect cylindrique avec une robe très épaisse. Le Blanc de Vienne est blanc avec les yeux bleus, tandis que le Bleu de Vienne a le poil principal bleu ardoise intense avec un sous-poil légèrement plus clair et les yeux bleus.

Zibeline

Poids : 3,6 kg.
Cette race, qui a probablement été sélectionnée en France à partir des lapins Chinchilla, est caractérisée par une robe de couleur sépia intense avec des reflets marron.

LES RACES OFFICIELLEMENT RECONNUES EN FRANCE

Petites races	Races moyennes	Grandes races	Races à fourrure caractéristique
Argenté Anglais	*Alaska*	*Bélier*	*Angora*
Bélier Nain	*Argenté de Champagne*	*Géant Blanc*	*Renard*
Bélier Petit	*Argenté Grand*	*Géant des Flandres*	*Rex*
Doré de Saxe	*Bélier Anglais*	*Géant Papillon*	*Satin*
Fée de Marbourg	*Blanc de Hotot*		
Fée Perlée	*Blanc de Vienne*		
Feu Noir	*Bleu de Beveren*		
Havane	*Bleu de Vienne*		
Hermine	*Californien*		
Hollandais	*Chamois de Thuringe*		
Jarre Blanc	*Fauve de Bourgogne*		
Lynx	*Grand Chinchilla*		
Martre	*Japonais*		
Nains de couleur	*Lièvre*		
Papillon Anglais	*Néo-Zélandais Blanc*		
Petit Chinchilla	*Néo-Zélandais Roux*		
Russe	*Papillon Rhénan*		

L'achat

Le lapin est un très bon animal de compagnie, facile à entretenir et qui s'adapte très bien à la vie en appartement. Comme pour tous les animaux, il ne faut cependant pas acheter un lapin d'instinct, mais seulement après mûre réflexion.
Sociable, sensible et vif, il a besoin de beaucoup d'attentions et de pouvoir passer du temps hors de sa cage pour jouer et faire un peu d'exercice. Si l'on n'est pas sûr de pouvoir lui consacrer suffisamment de temps et de savoir satisfaire ses besoins, il est préférable de choisir un autre animal. En effet, si le lapin doit rester toujours enfermé dans sa cage, sans possibilité de contact avec ses semblables ou avec des êtres humains, il sera malheureux. D'autre part, quand il est en liberté, il faut le surveiller attentivement pour éviter qu'il n'abîme les meubles ou qu'il ne fasse d'autres dégâts.
On décide souvent d'acheter un lapin pour un enfant. Il faut dans ce cas tenir compte du fait que si l'enfant se lasse de son compagnon, ce sont les parents qui devront en prendre soin. Un lapin peut vivre jusqu'à l'âge de dix ans et même davantage, et il faut se préparer à l'idée de s'en occuper pendant tout ce temps.
Malgré son aspect « mignon » qui peut faire penser à une peluche, le lapin n'est pas du tout un jouet mais un être vivant qui a besoin de respect et d'amour. Il n'est donc pas du tout adapté aux enfants de moins de six ou sept ans qui ne sauraient pas le traiter correctement. En effet, il est extrêmement délicat et, surtout s'il est de race naine, il peut facilement se fracturer un membre ou se casser les dents en tombant des bras.

S'il y a d'autres animaux à la maison, en particulier un chien de grande taille, il faut aussi se demander si ce dernier sera capable d'apprendre à cohabiter tranquillement avec une créature si timide et si fragile. Autre question à envisager : à qui le lapin pourra-t-il être confié pendant les vacances ?
S'il est bien traité, bien nourri et vacciné régulièrement, le lapin ne connaît habituellement aucun problème de santé particulier.

Les lapins sont faciles à élever mais ils ont besoin de soins et d'attentions quotidiens. Ci-dessus, un jeune lapin nain

Cependant, s'il tombe malade ou s'il se blesse, son propriétaire a le devoir de le faire soigner et cela peut représenter une certaine dépense. Comme tous les autres animaux, il a en effet besoin de soins et d'attentions constantes. Sommes-nous certains de pouvoir lui en procurer ? Il faut bien y réfléchir et si ce n'est pas le cas, si nous ne nous sentons pas capables d'assumer toutes les responsabilités qu'entraîne la présence d'un animal de compagnie, il faut y renoncer. Nous éviterons ainsi de le faire souffrir inutilement.

Les lapins sont très sociables et il n'est pas difficile de s'entendre avec eux. Il faut toutefois être prêt à leur consacrer un peu de caresses tous les jours

Comment le choisir

Une fois la décision prise, il faut savoir évaluer attentivement le sujet que l'on veut acheter. On commence par observer la cage dans laquelle le lapin vit dans le magasin : elle doit être propre, suffisamment spacieuse et comporter beaucoup de foin, de l'eau propre et de la nourriture adaptée (c'est-à-dire de préférence des légumes frais et des granulés). S'il y a un sujet malade dans le groupe ou si l'on remarque des signes de diarrhée dans la cage, il est préférable de porter son attention sur un autre groupe de lapins.

Un lapin en bonne santé doit se montrer vif, attentif et curieux. Après avoir identifié le sujet qui nous intéresse, il faut demander à l'examiner de plus près. Quand le vendeur s'approche pour l'attraper, l'animal ne doit pas s'enfuir effrayé, mais se laisser prendre docilement et une fois dans les mains, il ne doit ni ruer ni se débattre. S'il le fait, cela signifie qu'il n'est pas habitué au contact humain et qu'il pourrait se montrer longtemps timide et peureux vis-à-vis de nous : sa domestication risque alors d'être difficile. Après l'avoir pris dans les mains, il faut l'observer de près, en contrôlant attentivement et systématiquement les points suivants :

– la fourrure doit être brillante et lisse, sans croûtes ni zones dépourvues de poil ;

L'hygiène de la cage a une importance fondamentale dans le choix du sujet à acheter

– les yeux doivent être lumineux et la peau des paupières ne montrer aucun signe de larmoiement excessif, d'inflammation, d'écoulement ni de croûtes ;
– les narines doivent être propres, sèches et également sans croûtes ;

Les yeux et les narines doivent être propres, sans croûte ni poil souillé

– les incisives doivent être régulières et les dents de la mâchoire supérieure coïncider parfaitement avec celles de la mâchoire inférieure ;
– l'intérieur des oreilles doit être dépourvu de croûtes ou de cérumen ;
– le poil de la partie interne des pattes antérieures ne doit pas être souillé, ce qui serait le signe d'un écoulement nasal du lapin (même si le nez apparaît parfaitement propre, étant donné que l'animal se

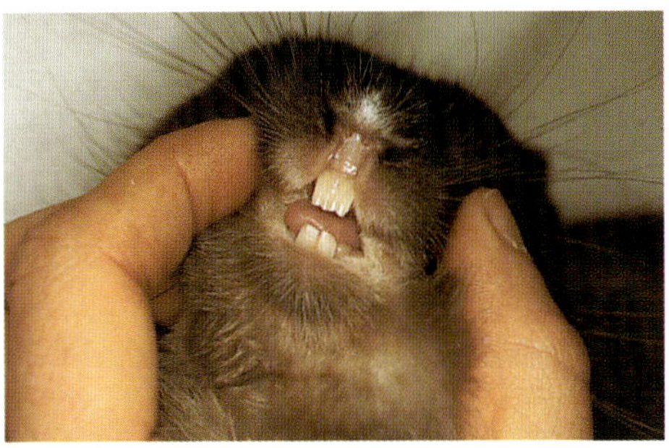

Les incisives doivent être régulières et coïncider parfaitement

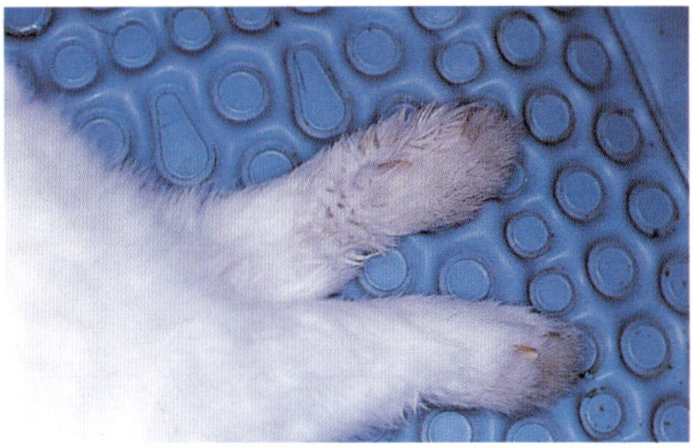

Si la partie interne des membres antérieurs du lapin présente du poil souillé, c'est le signe probable d'un écoulement nasal

le nettoie en le frottant précisément contre ses membres antérieurs) ;
– la surface inférieure des pattes doit être entièrement recouverte de fourrure, sans zones glabres ni portions de peau rougie ;
– les doigts ne doivent pas présenter de croûtes ;
– la région anale doit être propre et sèche et le poil non souillé de selles ou d'urine ;
– l'abdomen, palpé délicatement, doit être doux et détendu et non pas tendu ou gonflé ;
– tous les muscles doivent être bien développés (on le voit tout de suite en passant la main sur tout le corps du lapin) et au toucher, on ne doit pas sentir les os trop ressortir ni découvrir des tuméfactions ou des nodules ;
– les selles, enfin, doivent être constituées de petites boules dures et bien formées.

Quelle race choisir ?

Est-il préférable de choisir un lapin nain ou un lapin de taille moyenne ? Il est faux de croire que les races naines sont les plus adaptées aux enfants : ce sont en effet les plus délicates. Les enfants doivent d'ailleurs savoir que les lapins n'aiment pas être soulevés et qu'un lapin peut être un très bon compagnon, même s'il reste sur le sol, exactement comme un chien. Un lapin plus gros a toutes les chances de se faire traiter avec plus de respect par un enfant mais il a aussi besoin d'un espace plus grand à l'intérieur de la maison.
La personnalité d'un lapin est moins définie par sa race que par la façon dont il est élevé et éduqué. Les différentes races sont en effet sélectionnées en fonction de leur aspect phy-

LES MÉTIS

On trouve souvent dans le commerce des lapins « métis », c'est-à-dire provenant de croisements entre des sujets nains et des sujets de taille moyenne, qui présentent des caractéristiques intermédiaires entre les deux races. Ces exemplaires, bien que n'étant pas de pure race, peuvent également devenir de très bons animaux de compagnie.

sique (dimensions, couleur de la robe, type d'oreilles, etc.) et non de leur caractère. Chaque lapin a son caractère et peut devenir un très bon animal de compagnie à condition qu'on lui consacre du temps, de l'affection et des attentions. Ensuite, le choix basé sur l'aspect est principalement une affaire de goût personnel. Les races à poil long, comme l'Angora, sont un peu à part parce qu'elles demandent beaucoup de soins supplémentaires pour que leur robe reste en bonne condition. En effet, si la fourrure n'est pas entretenue, elle devient avec le temps une masse feutrée inextricable : il faut donc la brosser fréquemment, et même si possible tous les jours.

Les lapins à poil long ont besoin d'un peu plus d'attention que les autres en ce qui concerne les soins de la robe : si on ne les brosse pas tous les jours, il risque en effet de s'y former des nœuds inextricables

Mâle ou femelle ?

Quand il devient sexuellement mature, le mâle a tendance à asperger d'urine ce qui l'entoure pour marquer son territoire, il devient agité et cherche à s'accoupler. S'il ne peut pas le faire, cela peut représenter pour lui une grande frustration. Pour éviter ces inconvénients, il est conseillé de le faire stériliser après l'âge de quatre ou six mois, afin qu'il reste docile et affectueux et qu'il perde également sa manie d'asperger d'urine tout ce qui l'entoure.

La femelle, au contraire, se montre très affectueuse même si elle n'a pas été stérilisée. Toutefois, quand elles sont en chaleur, certaines lapines deviennent agressives et peuvent connaître des problèmes liés à la grossesse nerveuse (voir le chapitre « La reproduction »). De plus, les femelles non stérilisées sont sujettes aux tumeurs de l'utérus qui peuvent se manifester même après l'âge de cinq ans.

Rappelons enfin que la stérilisation est une intervention chirurgicale plus délicate et plus coûteuse pour les femelles que pour les mâles.

De quel âge ?

L'âge minimal pour séparer des lapereaux de leur mère et les acheter est de sept ou huit semaines. Ils sont alors parfaitement sevrés et prêts à entrer dans une nouvelle maison. Des animaux plus jeunes ne sont en effet pas assez matures et si on les éloigne de leur mère, ils pourraient être sujets à des problèmes de santé ou rencontrer davantage de difficultés d'adaptation. On trouve parfois dans le commerce des lapereaux de taille moyenne, âgés seulement de trois semaines et vendus pour des animaux de race naine : cette pratique est non seulement malhonnête mais surtout dangereuse pour les petits. Pour reconnaître un petit de race naine, il faut regarder ses oreilles : elles doivent être beaucoup plus petites que celles des lapins normaux. Le choix d'un sujet ne doit pas nécessairement se porter sur un petit : il est en effet plus facile d'éduquer un lapin adulte pour qu'il utilise sa caisse hygiénique, il risque moins de se blesser quand il joue, il a un caractère plus équilibré et il fait en général moins de bêtises dans la maison.

Les petits doivent rester avec leur mère jusqu'à l'âge de sept semaines

Un ou plusieurs lapins ?

Bien que ce soit un animal social le lapin peut très bien vivre sans la compagnie d'autres représentants de son espèce, à condition qu'on lui consacre suffisamment d'attention. Si l'on décide en revanche d'acheter deux sujets pour qu'ils se tiennent mutuellement compagnie, il faut prévoir de les stériliser. S'ils sont du même sexe, la stérilisation évitera des disputes continuelles (deux femelles peuvent cohabiter pacifiquement si elles sont mises ensemble avant leur maturité sexuelle mais deux mâles sont incompatibles une fois qu'ils ont atteint leur maturité, même s'ils ont toujours vécu ensemble) ; s'ils sont de sexe opposé, cela évitera naturellement des gestations non souhaitées. Dans tous les cas, il est toujours préférable d'acheter deux sujets en même temps, du même âge et si possible issus de la même portée, pour qu'ils se soient déjà habitués à leur présence mutuelle. Naturellement, on peut toujours, avec quelques efforts supplémentaires, introduire un nouveau compagnon pour son lapin. Chaque lapin devrait avoir sa cage : comme ce sont des animaux très territoriaux, ils peuvent se disputer s'ils sont enfermés dans la même cage, sauf si celle-ci est suffisamment spacieuse. En revanche, ils peuvent cohabiter pacifiquement quand ils circulent librement dans la maison. C'est également pour une question de place qu'il est difficile d'avoir plus de deux lapins chez soi.

AVANT DE RAMENER LE LAPIN À LA MAISON

- Il faut bien expliquer aux enfants comment respecter le nouvel arrivant et comment s'en occuper.
- Il faut demander au vendeur quelle est la nourriture habituelle du lapin. Même si ce choix n'est pas le bon (c'est le vétérinaire qui fera le bon choix), il est toutefois conseillé de n'effectuer des changements d'alimentation que de façon progressive.
- Il faut préparer à l'avance la cage dans laquelle le lapin va vivre, acheter la paille et les aliments adaptés.
- Il faut prendre rendez-vous avec le vétérinaire pour qu'il effectue un contrôle général le plus tôt possible après l'achat.

LE TRANSPORT À LA MAISON

Une fois le lapin acheté, on peut le ramener à la maison dans une grande boîte en carton mais il est conseillé d'utiliser un panier de transport pour chat. Ce panier sera également utile ensuite, quand l'animal devra se rendre chez le vétérinaire. Il est préférable de choisir un panier solide en plastique dur plutôt qu'en tissu ou en osier.

La cage du lapin

Pour sa sécurité et pour éviter qu'il n'abîme les meubles quand il est sans surveillance, il faut obligatoirement mettre le lapin à l'abri dans une **cage**, qui doit être la plus spacieuse possible. Pour un ou deux lapins nains, les dimensions idéales de la cage sont de 100 × 60 cm, tandis que pour des lapins de taille supérieure, il faut naturellement prévoir plus grand. Les dimensions de la cage doivent toujours permettre au lapin d'effectuer des sauts, et il faut donc prévoir au minimum une hauteur de 45-50 cm, quelle que soit la taille du lapin. La cage doit en outre pouvoir s'ouvrir et se démonter facilement, aussi bien pour pouvoir extraire le lapin sans difficulté que pour la nettoyer. Les meilleurs modèles de cage comprennent deux parties : un fond avec des rebords surélevés accroché à une partie supérieure.
Les rebords du fond doivent être suffisamment surélevés pour que la litière et la paille ne retombent pas en dehors de la cage. Il est préférable d'opter pour un fond plein plutôt que pour un fond grillagé, qui est peut-être meilleur d'un point de vue hygiénique, mais qui peut abîmer les pieds délicats du lapin.
La partie supérieure de la cage peut être entièrement constituée de barreaux en métal, mais il faut éviter les barreaux recouverts de plastique, une matière qui peut être dangereuse pour l'animal s'il la ronge et l'avale. Il faut s'assurer que la grille est suffisamment large pour permettre une bonne aération : dans le cas contraire, l'humidité et l'ammoniaque qui s'accumulent à l'intérieur de la cage pourraient causer de graves problèmes de santé à l'animal. Il existe également des modèles avec des parois en plexiglas et une grille qui s'ouvre sur la partie supérieure. Quelle que soit la cage choisie, il est préférable qu'elle soit dotée d'une paroi latérale mobile, afin que pendant ses périodes de liberté, le lapin puisse entrer et sortir de sa cage comme il le souhaite. Il faut enfin contrôler la solidité des crochets de fermeture : ils doivent à la fois empêcher la sortie imprévue de l'animal mais aussi être ouverts sans difficulté.
Il est préférable de ne pas utiliser de cages en bois parce qu'elles s'imbibent rapidement d'urine, sont impossibles à laver et à désinfecter correctement et qu'elles sont abîmées par le grignotement du lapin. De même, les cages de type aquarium avec des parois en verre sont à éviter car elles ne permettent pas un renouvellement suffisant de l'air.

La cage doit être spacieuse et si possible dotée d'une grande ouverture au-dessus pour pouvoir attraper plus facilement le lapin

La **litière** doit également être choisie soigneusement pour éviter au lapin des problèmes de santé. S'il s'ennuie parce qu'on le laisse trop longtemps seul, il peut en effet s'intéresser au matériau placé au fond de sa cage et commencer à le grignoter et à l'avaler. Une litière inadaptée peut en outre abîmer l'extrémité de ses membres et provoquer des infections aux pieds. La litière doit être dépourvue de poussières et changée régulièrement pour éviter d'irriter la muqueuse nasale délicate de cet animal. Pour résumer, une bonne litière ne doit pas être toxique et, en cas d'ingestion, ne pas provoquer de constipation. Elle ne doit être ni abrasive ni pulvérulente, mais absorbante et si possible économique et facile à trouver dans le commerce.
Le meilleur matériau c'est le foin, à condition qu'il soit propre, frais et sans moisissures. Il n'y a aucun problème si le lapin l'avale puisqu'il constitue un excellent aliment pour cette espèce. On peut également utiliser la paille (économique mais absolument pas absorbante) si elle n'est pas trop grossière : la présence d'éléments durs et pointus pourrait en effet blesser l'animal. On peut aussi choisir des matériaux biodégradables comme les copeaux de bois, les barbes des épis de maïs, la sciure ou le papier recyclé. Les graviers en sépiolite pour chats et la sciure fine sont dangereux et donc déconseillés. On peut également employer des feuilles de journal déchirées mais uniquement si le lapin n'a pas tendance à les ronger. Les torchons et les serviettes conviennent également si le lapin ne les grignote pas : en effet, des fibres de tissu avalées peuvent causer une grave obstruction intestinale.
À l'image de son parent sauvage qui cherche un refuge contre les prédateurs et les mauvaises conditions climatiques dans des terriers creusés dans le sol, le lapin d'appartement a besoin de disposer d'un lieu retiré quand il se sent inquiet ou quand il veut rester seul. Une **caisse** qui sert de terrier représente donc une nécessité psychologique pour le lapin qui en tire un sentiment de protection. La solution la plus simple consiste à utiliser une boîte en carton sans fond (en faisant attention de bien retirer les agrafes métalliques ou les morceaux de ruban adhésif), dans laquelle on perce une ouverture. Une fois qu'elle est sale ou abîmée, il suffit de la jeter et de la remplacer par une autre boîte en carton. Les bricoleurs peuvent en revanche fabriquer une caisse en bois ou en contreplaqué, en veillant bien à ne pas utiliser de matériaux toxiques, peinture comprise.

Les lapins ont tendance à uriner dans un coin de leur cage. En plaçant à cet endroit une **caisse hygiénique**, on favorise beaucoup la propreté de la cage. On peut utiliser une petite caisse pour chat remplie de litière mais il faut éviter les matériaux agglomérés qui sont dangereux s'ils sont avalés.
En ce qui concerne le **récipient pour la nourriture**, l'idéal est une écuelle en céramique, qui ne peut pas être rongée et qui est difficile à renverser. Le foin peut en revanche être laissé en abondance à la disposition du lapin dans la cage.

Une lourde écuelle en céramique constitue une solution pratique pour la nourriture, parce qu'elle est difficile à renverser

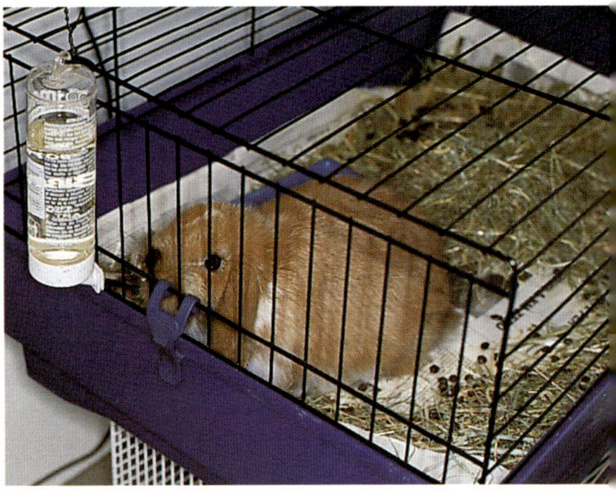

La pipette est la solution idéale pour administrer de l'eau au lapin

Pour l'eau, il est conseillé d'utiliser des **pipettes**, qui se fixent à l'extérieur de la cage et qui permettent à l'animal d'avoir toujours de l'eau propre à sa disposition. Il faut toutefois contrôler leur fonctionnement tous les jours : elles peuvent en effet se boucher ou fuir et détremper ainsi le fond de la cage.

Créature intelligente et vive, le lapin a besoin de **jouets** pour s'occuper et être stimulé aussi bien mentalement que physiquement. Si on le laisse seul et sans occupation, il risque fort de s'ennuyer et, par réaction, de développer des comportements anormaux, comme manger excessivement, s'arracher le poil ou encore abîmer les meubles si on le laisse sortir de sa cage. Comme le lapin aime ronger ou déplacer et lancer en l'air des petits objets, on peut lui donner des balles, des jouets pour bébés ou encore d'autres objets en plastique dur, des jouets à ronger pour chiens, des rouleaux de papier et des petites branches d'arbres non toxiques (il faut donc éviter l'abricotier, le cerisier, le pêcher, le prunier et toute autre plante traitée avec des pesticides). Tous ces jouets peuvent aussi être suspendus dans la cage. Si on remarque que l'animal a tendance à manger le plastique, le papier ou le carton, il faut éviter d'introduire ce type de matériau.

Les balles en plastique dur sont un bon exemple de jouets adaptés aux lapins

OBJETS UTILES

- Quelques **caisses hygiéniques** en plus, à répartir dans la maison. Ainsi, quand le lapin est libre de se déplacer hors de sa cage, il en aura toujours une en cas de... besoin.
- Une **brosse**, pour enlever plus facilement le poil pendant la mue.
- Un **coupe-ongles** du type de ceux que l'on utilise pour les chiens.
- Un **panier de transport** pour chats, pour déplacer le lapin en toute sécurité sans s'encombrer d'une cage.
- Une **laisse** et un **harnais** pour les promenades à l'extérieur.

Où placer la cage ?

L'endroit idéal pour placer la cage du lapin est un endroit tranquille mais en même temps pas trop isolé. L'animal ne doit pas être exposé à des bruits désagréables (télévision, chaîne stéréo, lave-vaisselle ou autres appareils ménagers) ni embêté par des chiens, des chats ou des enfants. Ces derniers doivent apprendre à le respecter et à ne pas le sortir de sa cage à tout instant. D'autre part, un lapin bien acclimaté et attaché à ses propriétaires désire d'une certaine façon participer à la vie de la maison, y compris quand il est dans sa cage : il ne faut donc pas qu'il soit confiné dans un coin isolé.
De plus, la cage doit être placée à l'abri des courants d'air et surtout de la chaleur excessive, qui n'est pas tolérée par le lapin. Elle ne doit pas non plus être exposée à la lumière directe du soleil. La température idéale pour le lapin est de 12-22 °C. Il faut rappeler que ces animaux supportent beaucoup mieux les températures basses que les températures élevées : en effet, dans un terrier bien abrité, ils peuvent tolérer des températures proches de zéro mais au-dessus de 35 °C, ils risquent de mourir en peu de temps d'un coup de chaleur.

Le nettoyage de la cage

Même si cela peut paraître évident, il est important de rappeler que l'hygiène est primordiale pour la santé du lapin, et qu'elle ne doit jamais être négligée. La litière doit être changée tous les jours ou au moins un jour sur deux et il faut nettoyer entièrement la cage et ses accessoires une fois par semaine. Pendant ces opérations de nettoyage, on place l'animal dans un lieu sûr.
La cage doit être lavée à l'eau et au savon, débarrassée de toutes ses incrustations et rincée soigneusement (il est plus facile de la laver dans la baignoire). Une fois lavée, la cage est désinfectée avec un produit adéquat, par exemple du lysoforme ou de l'eau de Javel diluée, puis de nouveau rincée abondamment. Quand elle est sèche, on remet de la litière propre en place. Rappelons que, pour faciliter le nettoyage du fond de la cage, on peut placer des feuilles de journal sous la litière.
Les écuelles d'eau et de nourriture doivent être nettoyées tous les jours et désinfectées au moins deux fois par semaine.

La cohabitation avec le lapin

Son acclimatation dans sa nouvelle maison

Dès qu'il arrive dans sa nouvelle maison, le lapin doit être laissé au moins pendant une journée dans sa cage. Le transport, la nouvelle installation et la présence de personnes étrangères sont en effet des facteurs très stressants pour l'animal et il faut lui laisser le temps de s'acclimater. Toujours pour lui éviter du stress inutile, il faut laisser à sa disposition un peu de nourriture identique à celle qu'il avait l'habitude de manger dans le magasin, même si elle n'est pas idéale. On peut ensuite passer progressivement à un meilleur régime les jours suivants.
La cage doit être placée dans un endroit tranquille où les chats et les chiens n'ont pas accès, au moins au début. Les enfants devront aussi résister à la tentation de montrer leur petit animal à tous leurs amis pour que le lapin ne soit pas encore plus perdu.
Sociables par nature avec leurs semblables, les lapins le sont également avec les êtres humains. Il faut toutefois procéder progressivement, sans essayer de brusquer les choses. Pour nouer le contact avec le lapin, il faut se pencher sur le côté de la cage et lui parler d'un ton calme, en faisant des gestes lents. On laisse ensuite le lapereau renifler nos doigts à travers les barreaux pour qu'il s'habitue à notre odeur : c'est en effet principalement à travers l'odorat que ces animaux reconnaissent les membres du groupe, même si notre lapin apprendra ensuite à nous reconnaître également par la voix.
Une fois qu'on le voit manger, se laver et

Le lapin nouvellement arrivé doit avoir le temps de s'acclimater : il faut le laisser seul pendant au moins une journée en plaçant sa cage dans un endroit tranquille

étirer tranquillement ses longues pattes, cela signifie qu'il s'est définitivement acclimaté et qu'il a surmonté les difficultés liées à son changement de cadre.

Comment tenir un lapin

En raison de sa structure délicate (une ossature fragile associée à une puissante masse musculaire dans l'arrière-main), le lapin a besoin d'être attrapé avec prudence. Une prise maladroite ou hésitante peut en effet lui causer de graves lésions, par exemple une fracture de la colonne vertébrale, surtout si l'animal effrayé essaie de se débattre. De plus, s'il tombe par terre, il peut facilement se casser un membre.
Il existe plusieurs techniques pour attraper un lapin en toute sécurité. Il ne faut d'abord

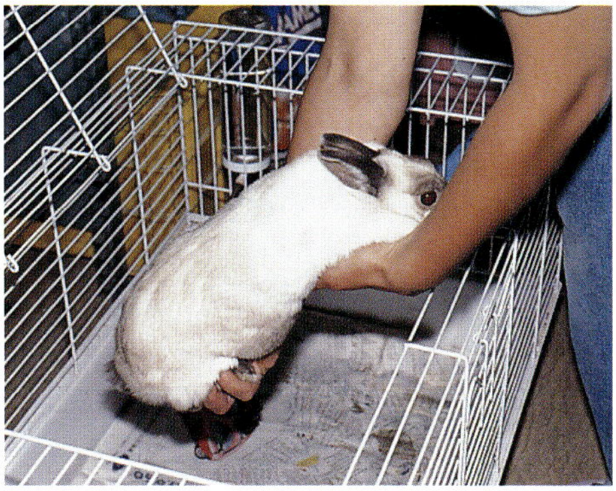

Quand on attrape le lapin, il est important de lui maintenir le postérieur afin de ne pas abîmer sa structure osseuse fragile

jamais l'attraper par les oreilles, qui sont délicates et sensibles, ni par la peau du cou. Il faut en revanche faire glisser une main sous son thorax et attraper avec fermeté, mais délicatement, ses membres inférieurs, tandis que de l'autre main on maintient ses membres postérieurs. Une fois ses pattes immobilisées et le poids de son corps soutenu avec les deux mains, on soulève l'animal et on l'appuie fermement contre notre poitrine. Il est très important de maintenir fermement et en permanence les pattes pour qu'elles ne puissent pas se dégager en cas de mouvements brusques du lapin et pour éviter qu'il ne donne des coups de pattes. Pour calmer un lapin effrayé, il suffit de placer sa tête sous un bras, afin de lui couvrir les yeux.
Si l'animal lutte et se débat quand on veut l'attraper, il faut le lâcher immédiatement et le laisser tranquille jusqu'à ce qu'il se calme. Quelques minutes plus tard, on s'approche à nouveau de lui, en lui parlant d'un ton de voix doux et en le caressant, avant d'essayer de l'attraper à nouveau. Les sujets les plus effrayés et les plus agités peuvent, en cas de nécessité, être attrapés en toute sécurité en les couvrant et en les enroulant dans une grande serviette. Il faut faire attention : un lapin effrayé peut mordre, donner des coups de pattes et griffer.
Voici pourquoi il est extrêmement important d'apprendre aux enfants à tenir le lapin dans leurs bras, même si on ne devrait pas permettre à un enfant de moins de sept ans de soulever un lapin sans être surveillé de près par un adulte. Ce dernier doit montrer à l'enfant comment s'y prendre et rester à côté de lui, au moins les premières fois, pour que tout se déroule bien.

Les rapports avec les enfants

Avant que le lapin n'arrive à la maison, et donc avant que l'excitation due au nouvel arrivant ne les empêche de nous écouter, il est essentiel d'apprendre aux enfants quelques règles simples mais fondamentales. Ils doivent avant tout savoir qu'un animal n'est pas un jouet dont on dispose quand on veut, mais une créature vivante, sensible et délicate, qui a des besoins et un rythme que l'on doit respecter. Le lapin doit être laissé tranquille quand il dort et quand il mange, mais il faut lui tenir compagnie quand il a envie de jouer.
Les enfants (qui, répétons-le, doivent toujours être en présence d'un adulte quand ils jouent avec le lapin, s'ils ont moins de sept ans) doivent également apprendre à bien attraper le lapin, pour ne pas le laisser tomber ni, s'il se débat énergiquement, qu'il se blesse seul. Il est également très important qu'ils comprennent bien que l'administration d'aliments inadaptés comme le pain, les biscuits, les gâteaux ou le chocolat peuvent être dangereux pour la santé de leur petit ami.
Enfin, il est très éducatif de faire participer les enfants aux tâches de nettoyage quotidiennes et à l'administration de nourriture : cela leur apprend à être responsable d'un autre être vivant. L'entretien d'un animal ne doit toutefois pas être confié uniquement à un enfant et il faut toujours qu'un adulte lui apporte de l'aide.

Un profond lien affectif peut s'instaurer entre un lapin et un enfant

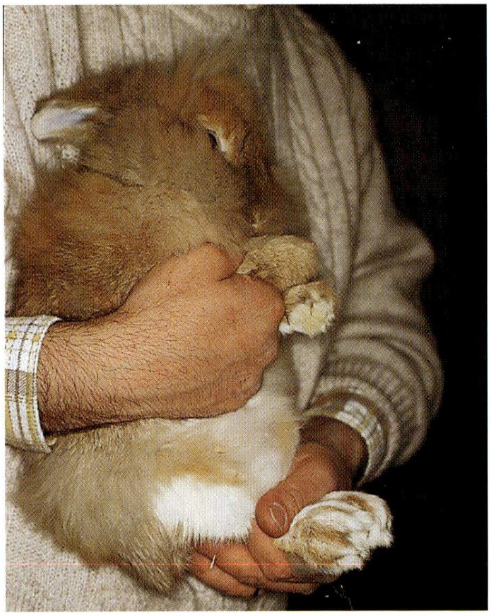

Une prise sûre consiste à attraper les membres du lapin et à tenir fermement l'animal en l'appuyant contre sa poitrine

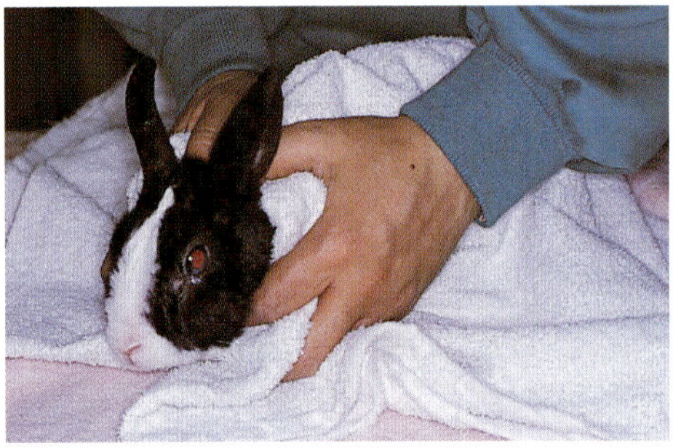

Pour immobiliser un lapin un peu agité, il suffit de l'envelopper dans une grande serviette

Le langage des lapins

Les lapins communiquent entre eux grâce à un large éventail d'attitudes, de mouvements, de bruits et de signaux qui, pour la plupart d'entre eux, font intervenir les oreilles (chez les races Bélier, à oreilles pendantes, c'est cependant tout simplement impossible).
Pour comprendre le langage des lapins, il faut avant tout se rappeler que ce sont des animaux sociaux qui vivent en colonies. À l'intérieur du groupe, il règne une hiérarchie au sein de laquelle le lapin dominant manifeste par exemple sa suprématie en se faisant nettoyer la robe par ses subordonnés (même s'il arrive que ce soit lui qui nettoie celle des autres). Cette demande s'exprime par une posture précise : les pattes recroquevillées sous le corps, la poitrine abaissée vers le sol et la tête tendue vers l'avant, avec le menton bas. Le lapin manifeste également cette demande (qui ressemble d'ailleurs plus à un ordre !) aux êtres humains, dont il attend qu'ils le caressent et qu'ils le grattent derrière les oreilles. Et si nous n'obéissons pas ? Il peut se venger en faisant une bêtise dans la maison ou réagir en mordillant la personne en question. Dans cette situation, un lapin particulièrement agressif peut même aller jusqu'à infliger de profondes morsures.
Un lapin au caractère moins dominant peut en revanche aussi bien apprécier d'être léché (par un autre lapin) ou caressé (par un être humain) que de lécher et de nettoyer (un autre lapin ou une personne). Quand un lapin nous lèche, il nous montre toute son affection en nous disant qu'il nous aime : il est faux de dire qu'il ne le fait que pour se procurer des sels minéraux. La bonne façon de dorloter un lapin consiste à lui caresser le front (jamais dans le sens contraire du poil), à lui gratter délicatement la base des oreilles et les joues et à lui caresser le dos. En revanche, il n'aime pas qu'on lui touche la partie située sous le menton, sous le ventre ou sur les pattes arrière. Si l'on caresse un lapin à un endroit ou d'une façon qu'il n'apprécie pas, il s'éloigne. En revanche, s'il apprécie ces caresses, il reste immobile, sous le charme, et émet parfois un léger grincement des dents, comme un ronronnement.
Quand un lapin est calme et détendu, il se couche sur le ventre, les pattes arrière complètement détendues. Parfois il se retourne et s'endort le ventre à l'air, complètement relâché. Si en revanche il a les pattes serrées sous le corps, les oreilles aplaties vers l'arrière et les yeux mi-clos, cela signifie qu'il est très effrayé. Dans ce cas, son instinct le pousse à rester parfaitement immobile, comme s'il voulait passer inaperçu face à un éventuel prédateur. Si l'on observe cette attitude chez un lapin, il faut essayer de comprendre ce qui a pu l'effrayer et lui parler doucement pour le calmer, tout en le caressant.
Les lapins sont également des animaux très territoriaux et ils expriment de plusieurs façons cet aspect de leur caractère. Ils s'approprient par exemple un espace déterminé principalement à travers leurs selles, qu'ils éparpillent à plusieurs endroits et non en un seul lieu. Ils agissent de même quand

Allongé sur le ventre et les pattes tendues : un lapin dans un moment de détente

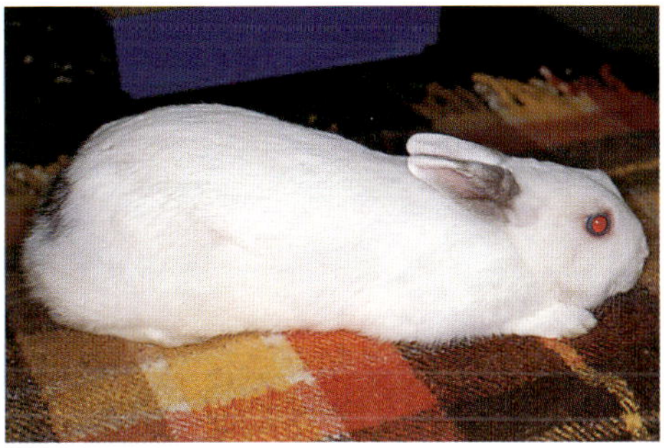

Quand il est effrayé, le lapin essaie de s'aplatir le plus possible

Les oreilles dressées et les pattes légèrement écartées : un lapin dans une attitude agressive

Les oreilles dirigées vers l'avant sont un signe d'attention

ils ne se sentent pas tout à fait à l'aise ou quand ils sentent que leur domination est menacée par d'autres lapins, des chiens ou des chats présents dans la maison.

Bien que cela puisse sembler étrange si l'on considère sa douceur proverbiale, le lapin peut également adopter des attitudes agressives, qui se manifestent par des oreilles dressées orientées vers l'extérieur (ou, pour indiquer un état d'irritation encore plus fort, vers l'arrière, en s'abaissant), le corps dressé, la queue droite et les pattes tendues ou légèrement écartées. Il peut même arriver qu'un lapin émette une sorte de grognement et qu'il attaque et morde.

La petite morsure légère de cet animal est toutefois différente de la morsure agressive. Il l'utilise pour attirer l'attention sur lui, pour demander à être reposé sur le sol quand il est dans les bras, ou pour exiger d'un lapin qui lui est subordonné de se pousser pour le laisser accéder à une friandise qu'il apprécie.

Les oreilles tendues vers l'avant sont un signe de curiosité et d'attention et le lapin adopte habituellement ce port quand il est en train d'explorer un nouveau milieu ou quand il a trouvé quelque chose d'intéressant. Dans ces situations, sa tête est également souvent tendue vers l'avant. Pour observer et explorer le milieu environnant, il arrive que le lapin se dresse sur ses pattes arrière, allonge le corps et regarde autour de lui tout en reniflant avec attention.

Une attitude particulière des lapins consiste à taper sur le sol avec leurs deux pattes arrière en même temps, provoquant un bruit sourd. Ce comportement peut signifier plusieurs choses selon le contexte dans lequel se trouve l'animal. En général, il s'agit de la manifestation de la perception d'un danger ou de quelque chose d'inhabituel dans le milieu environnant.

Les lapins sont également très vifs et ils aiment jouer et exprimer leur joie de vivre. Une expression de pur bonheur consiste pour eux à faire des sauts en hauteur, accompagnés parfois de pirouettes en l'air ou de hochements de tête. Les lapins peuvent aussi courir autour d'une personne pour exprimer leur joie de la revoir. Quand ils jouent, ils jettent en l'air des objets qu'ils rattrapent quand ils retombent par terre. Il leur arrive aussi de creuser, de réduire en morceaux des journaux, de traîner avec eux des bouts de tissu et de se courir après. Ces animaux ont beaucoup d'énergie à dépenser, surtout quand ils sont très jeunes. Il faut leur donner la possibilité de le faire en toute sécurité pour ne pas qu'ils abîment les meubles. À partir d'un an, ils deviennent plus mûrs, plus calmes et plus affectueux et apportent encore plus de satisfaction en tant qu'animaux de compagnie.

Comment organiser un cadre de vie sûr

Les activités principales du lapin sauvage consistent à ronger et à creuser et l'on observe ce même comportement instinctif chez le lapin domestique. Pour permettre à notre lapin de passer du temps hors de sa cage sans qu'il n'abîme rien dans la maison, il faut transformer celle-ci en un lieu sûr pour lui (mais aussi pour nous !).
Examinons attentivement le milieu dans lequel nous avons l'intention de le laisser en liberté et déplaçons tous les objets fragiles ou de valeur (vases, bibelots, livres, revues, etc.) dans des endroits inaccessibles, en n'oubliant pas que les lapins peuvent facilement sauter sur une table basse. Mettons également hors de sa portée les pots contenant des plantes vertes pour éviter qu'il ne grignote les feuilles ou qu'il ne gratte la terre. Les fils électriques sont particulièrement dangereux, tous comme ceux du téléphone ou les câbles de l'ordinateur : si le lapin les ronge avec ses dents pointues, il risque de s'électrocuter. De même, les tapis et les couvertures peuvent être abîmés par les dents du lapin, mais surtout provoquer une obstruction intestinale dangereuse s'il avale des fibres.
Il faut également mettre hors de portée les substances potentiellement dangereuses (comme les détergents, les cigarettes, les médicaments et tous les produits que l'on éloignerait d'un enfant en bas âge) et les objets lourds que le lapin pourrait recevoir sur la tête. Il faut également faire attention qu'il n'entre pas en contact avec un chien ou un chat.
Un sac poubelle ou des aliments qui traînent peuvent aussi être dangereux pour un lapin : s'il découvrait un sac rempli de pain dur et qu'il en profitait pour s'empiffrer, il pourrait mourir d'entérite.
Enfin, pour vérifier que la pièce est bien « à l'épreuve du lapin », il suffit de laisser l'animal faire lui-même une sorte de tournée d'inspection. Après l'avoir libéré, on observe attentivement ce qu'il fait et où il va.
Pour éviter qu'il n'abîme les meubles, on peut canaliser son instinct naturel vers des objets ne présentant aucun danger, comme un panier en osier, une grosse boîte pleine de foin et de paille ou un morceau de bois non traité. De plus, si on lui laisse ses jouets, il est probable qu'il n'aura pas le temps de penser à faire des dégâts dans la maison.

L'apprentissage de l'utilisation de la caisse hygiénique

Avec un peu de patience et de persévérance, on peut facilement dresser le lapin à utiliser sa caisse hygiénique, comme le font les chats. Pour éviter toute désillusion, il ne faut toutefois pas oublier qu'un lapin n'est pas aussi fiable qu'un chat et que quelques « accidents » peuvent survenir, y compris chez un sujet bien éduqué. De plus, le lapin a un appareil digestif qui fonctionne très dif-

Le lapin s'habitue facilement à utiliser sa caisse hygiénique : il suffit de lui apprendre à le faire dès qu'il arrive à la maison

férement de celui des chiens et des chats et il fait ses besoins beaucoup plus souvent au cours d'une journée que ces deux animaux de compagnie.

L'apprentissage doit commencer dès les premiers jours qui suivent l'arrivée de l'animal dans la maison, en plaçant une petite caisse dans la cage. Pour éviter que le lapereau l'utilise pour dormir, il faut que la cage soit suffisamment spacieuse pour pouvoir installer une couche adéquate (par exemple une petite couverture en laine ou une serviette). Si l'animal continue malgré tout à dormir dans la caisse hygiénique, il faut installer une deuxième caisse dans la cage et la recouvrir d'une couverture confortable.

Quand l'utilisation de la caisse hygiénique dans la cage est devenue une habitude, on peut commencer à laisser l'animal sortir librement. Au début, on lui réserve un espace limité avec par exemple des barrières mobiles pour chiens, que l'on peut déplacer et que l'on trouve dans les animaleries. On place la caisse à l'intérieur de l'enclos et le lapin, déjà habitué, va continuer à l'utiliser. Il faut ensuite augmenter progressivement l'espace mis à sa disposition pour arriver jusqu'à une pièce entière, puis à plusieurs pièces, en disposant dans chacune d'elles une caisse hygiénique. Si l'animal montre qu'il préfère une caisse en particulier, on peut réduire leur nombre.

Une dernière remarque : les lapins stérilisés utilisent plus facilement la caisse hygiénique.

À l'extérieur

Le fait de passer quelques heures par jour à l'extérieur est sans aucun doute bénéfique pour le lapin, qui peut ainsi profiter de la chaleur du soleil (n'oublions pas toutefois qu'il ne supporte pas des températures trop élevées), de l'herbe fraîche et faire de l'exercice physique. L'important, c'est naturellement qu'il ne s'échappe pas mais il faut aussi le protéger des dangers présents dans le milieu extérieur, c'est-à-dire des éventuels prédateurs. Pour le laisser sortir librement, il faut donc choisir un endroit tranquille, loin de toute agitation et dans lequel aucun autre animal n'a accès, en particulier les chiens et les chats. L'attaque d'un prédateur, même s'il ne se termine pas par un contact direct avec le lapin, peut en effet provoquer sa mort par choc, à la suite d'une trop grande frayeur.

À l'extérieur, le lapin doit toujours être soigneusement surveillé pour éviter tout danger

Une promenade dans l'herbe est une distraction agréable... mais attention aux rencontres imprévues

L'enclos doit toujours contenir une zone d'ombre pour permettre au lapin de s'abriter du soleil

La zone choisie ne doit pas avoir été traitée avec des produits antiparasitaires, de l'engrais ou d'autres substances chimiques. Il faut également vérifier l'absence de toute plante vénéneuse.
Pour surveiller le lapin, on peut l'attacher avec une laisse que l'on fixe au thorax avec un harnais et que l'animal ne peut pas retirer. En revanche, il ne faut pas utiliser un collier classique qui fait le tour du cou. À la place de la laisse, on peut « enfermer » le lapin dans un enclos fermé par des barrières mobiles repliables, pour être certain de pouvoir le surveiller en permanence.
Si on dispose d'un jardin suffisamment spacieux, on peut y installer un enclos permanent avec un haut grillage enfoncé d'au moins un mètre dans le sol, pour que l'animal ne puisse pas s'échapper après avoir creusé un tunnel. L'enclos doit comporter une partie à l'ombre, fournie par de la végétation ou un abri bien placé, une tanière où le lapin puisse se réfugier s'il se sent menacé, et de l'eau fraîche toujours à sa disposition. Des rampes, des caisses et des tubes complètent l'équipement et permettent au lapin de faire de l'exercice physique. Si l'enclos est solide et bien conçu, il n'est pas nécessaire de surveiller en permanence le lapin mais il est conseillé de le rentrer dans la maison la nuit.

Une installation amusante en plein air (© Monica Ceccato)

Quand on part en vacances

Les lapins sont des créatures si timides et si routinières que les bouleversements liés à un voyage et à un changement de milieu peuvent avoir une influence négative sur leur santé. Si l'on doit partir en vacances, la meilleure solution est donc de laisser notre petit compagnon à la maison et de trouver une personne de confiance qui en prendra soin, en allant s'installer chez nous ou en emportant l'animal chez elle.
L'idéal est de s'adresser à une personne qui a déjà une certaine expérience des lapins. Dans le cas contraire, il faut lui expliquer dans le détail ce qu'elle doit faire et ce qu'elle ne doit pas faire.
Il faut réserver une attention particulière à l'alimentation, pour que durant notre absence le régime alimentaire habituel du lapin soit respecté et que des changements soudains soient évités. On peut donc laisser une provision de foin et d'aliments non périssables

LES PLANTES D'APPARTEMENT ET DE JARDIN TOXIQUES POUR LE LAPIN

Dieffenbachia
Laurier-rose
Poinsettia
Rhododendron

LES PLANTES SAUVAGES TOXIQUES POUR LE LAPIN

Anémone	Jusquiame
Belladone	Linaire
Calla	Liseron
Ciguë	Morelle
Clématite	Muguet
Coquelicot	Renoncule
Crocus	Sureau
Digitale	

consommés habituellement par notre lapin (les légumes verts frais devront en revanche être achetés au fur et à mesure par la personne qui s'occupera de l'animal), ainsi qu'une bonne quantité de granulés, de journaux usagés, de matériau pour la caisse hygiénique et de branches à ronger, sans oublier les jouets.

Le dieffenbachia est une des plantes d'appartement toxiques pour le lapin

UN PENSE-BÊTE UTILE

Voici l'ensemble des tâches qu'aura à accomplir la personne qui s'occupe de notre animal pendant notre absence.

Tous les jours :
- changer l'eau de la pipette ;
- fournir du foin frais et éventuellement des granulés ;
- retirer de la cage les légumes de la veille et les remplacer par des légumes frais, bien lavés et servis à température ambiante ;
- contrôler l'aspect des selles pour vérifier que le lapin n'a pas de problèmes intestinaux ;
- changer la litière ou nettoyer la caisse hygiénique.

Une fois par semaine :
- nettoyer la cage de fond en comble ;
- brosser la robe (si le lapin est à poil long, il faut le faire tous les jours) ;
- contrôler les yeux et le nez pour vérifier l'absence de traces de larmoiement ou d'écoulement nasal et vérifier les oreilles et la zone génitale.

Il faut également penser à laisser nos coordonnées, celles du vétérinaire ainsi que le carnet de santé de l'animal. Si le lapin suit un traitement quelconque, il faut expliquer à la personne qui en aura la charge comment administrer les médicaments. Si on est au contraire obligé d'emporter le lapin avec soi en vacances, l'idéal est de disposer d'une voiture équipée de la climatisation. En effet, ces animaux ne supportent pas les températures élevées et un coup de chaleur peut les tuer en quelques minutes. Il ne faut donc jamais laisser un lapin seul dans une voiture garée en plein soleil, même quelques minutes seulement.
Durant le voyage, l'animal est placé dans sa cage, si celle-ci est suffisamment grande, ou bien dans un panier de transport pour chats. Une fois arrivé à destination, on le transfère dans un endroit plus confortable et plus spacieux. Il ne faut pas oublier d'apporter avec soi une provision de foin et de vieux journaux pour garnir le fond de la cage.

L'alimentation

Les erreurs alimentaires sont sans aucun doute la cause de la plupart des problèmes médicaux que l'on rencontre chez les lapins de compagnie. Il est extrêmement simple de mettre en place un régime correct mais malheureusement, beaucoup d'informations complètement fausses circulent à propos de l'alimentation du lapin. C'est ainsi qu'il y a peu de propriétaires et de vendeurs qui savent vraiment comment nourrir correctement ces animaux.
Pour résumer, on peut dire que le lapin d'appartement ne devrait manger que du foin, de l'herbe, des légumes frais et des granulés. Voyons à présent plus précisément pourquoi ce type de diète est le bon et quelles sont les conséquences des aliments néfastes sur sa santé.

Le régime idéal

Le lapin a un appareil digestif, dents comprises, extrêmement spécialisé : cela signifie qu'il a évolué pour s'adapter à un type d'alimentation bien spécifique et qu'il supporte mal des aliments inappropriés.
Pour comprendre comment nourrir un lapin d'appartement, il suffit d'observer le comportement d'un sujet sauvage, qui mange principalement de l'herbe, des racines ou même, pendant les périodes de maigre, des écorces. Tous ces aliments ont un faible contenu nutritif mais ils sont parfaitement adaptés à son organisme. Ils sont riches en fibres (qui stimulent l'activité intestinale) et demandent une mastication prolongée. Pour rester en bon état, les dents du lapin ont en effet besoin de ronger plusieurs heures par jour des aliments grossiers, en particulier de l'herbe qui, avec les particules minérales microscopiques qu'elle contient, permet aux dents de ces animaux qui poussent continuellement, de s'user suffisamment (aussi bien les incisives que les prémolaires et les molaires).

Dans la nature, le lapin se nourrit principalement d'herbe fraîche, un ingrédient indispensable de son alimentation, également en captivité

Le régime idéal ? Du foin, des légumes verts et de l'eau

Le foin

Pour un lapin, le foin est synonyme de régime sain et de longue vie. C'est la raison pour laquelle notre compagnon doit toujours avoir à sa disposition du foin frais à volonté, de la luzerne jusqu'à un an puis un mélange d'herbes quand il est plus grand. Il est également important que le foin soit bien conservé et dépourvu de toute moisissure. À ce propos, les confections vendues sous forme de pains dans les animaleries sont très pratiques. Cet aliment est non seulement très bon pour les dents, l'activité intestinale et la flore bactérienne, mais il est aussi indispensable pour occuper le lapin, qui passe ainsi des heures à le mastiquer.

Les granulés

Les granulés, un aliment très nourrissant et calorifique, conçus pour garantir un développement rapide des lapins d'élevage, sont constitués de petits cylindres de foin compressé, d'herbe, d'autres végétaux et parfois de céréales, complétés avec des sels minéraux et des vitamines. Leur composition varie beaucoup selon le type de granulés et certains d'entre eux contiennent même du lait en poudre ou des farines animales.
Les granulés pour lapin de compagnie doivent toutefois être exclusivement composés de végétaux (foin, herbe, etc.) et contenir peu de céréales. Il faut éviter les granulés qui contiennent des produits d'origine animale (farine et lait) et ceux dont la composition n'est pas précisée (comme cela arrive en général pour les granulés destinés aux lapins nains). Pour savoir si des granulés sont adaptés au lapin, il suffit de contrôler leur composition, en vérifiant qu'il y ait au moins 18 % de fibres.
Comme les granulés sont très calorifiques et riches en calcium, il ne faut pas en donner plus d'un quart de tasse pour 2,5 kg de poids, et les administrer en deux fois dans la journée. Pendant la gestation, l'allaitement et la croissance, la quantité de granulés doit être augmentée progressivement pour finalement être laissée librement à la disposition du lapin.
Les granulés ne sont toutefois pas un aliment indispensable et si le lapin souffre d'obésité, il faut même les éliminer de son régime. L'administration trop abondante de granulés chez certains lapins peut causer de graves problèmes de diarrhée ou de maladies liées à l'excès de calcium. Enfin, il est préférable d'acheter des granulés en petite quantité pour qu'ils soient toujours frais, et de les conserver dans des récipients hermétiques.

APPRENONS À LIRE L'ÉTIQUETTE DES PRODUITS

Avant d'acheter un aliment confectionné pour un lapin (en réalité des granulés, puisque aucun autre aliment n'est bon pour sa santé), il faut toujours lire l'étiquette afin de vérifier sa composition.
Cette étiquette doit comporter deux types d'informations : les ingrédients utilisés et l'analyse chimique du produit. Si ces deux informations sont absentes, il est impossible de juger de la qualité du produit et il est préférable de ne pas l'acheter.
La **composition** établit la liste des substances employées pour produire l'aliment, par quantité décroissante : le premier ingrédient cité est celui qui est présent en plus grande quantité et il est suivi d'une liste d'autres ingrédients dont la proportion est inférieure. En observant cette composition, on peut effectuer un premier jugement sur la qualité du produit : en effet, si les principaux ingrédients sont des farines de céréales (riches en hydrates de carbone et pauvres en fibres) ou si les farines animales ou le lait en poudre font partie des ingrédients cités, cet aliment n'est pas adapté à un lapin.
L'**analyse chimique** donne des informations sur la proportion de protéines, de graisses, d'hydrates de carbone et parfois de vitamines et de sels minéraux contenus dans le produit. La composition idéale de bons granulés pour lapin doit prévoir : 13-14 % de protéines, pas plus de 4 % de graisses (pour ne pas favoriser l'obésité), au moins 18 % de fibres (indispensables pour le bon fonctionnement de l'appareil digestif) et pas plus de 0,6 % de calcium (des quantités excessives peuvent en effet provoquer des problèmes rénaux).

Les légumes

Contrairement à ce que l'on croit, le lapin doit toujours avoir à sa disposition une grande quantité de légumes frais, que l'on introduit très progressivement dans son régime, un par un. Il peut manger tous les types de légumes consommés par l'homme (attention toutefois à ceux qui ramollissent les selles), l'important est qu'ils soient frais, bien lavés et servis à température ambiante. Il faut aussi retirer les parties abîmées ou fanées avant de donner ces légumes au lapin. Pour lui assurer un régime équilibré, il est conseillé de l'enrichir chaque jour de légumes différents.

Il doit toujours y avoir des légumes verts dans la ration quotidienne du lapin. Il faut qu'ils soient frais, lavés, débarrassés de leurs parties moisies et servis à température ambiante

ATTENTION À CES LÉGUMES

Les **épinards** (très riches en oxalates, des substances qui en quantités élevées peuvent provoquer des problèmes de santé) et les **Brassicacées** (c'est-à-dire tous les types de choux, les choux frisés, les brocolis, etc.) ne doivent être administrés que de temps en temps, par exemple une ou deux fois par semaine. Il faut en outre éviter les **feuilles de tomates** et les **parties vertes et les feuilles de la pomme de terre**. Attention également aux plantes cueillies au bord des routes (sommes-nous sûrs qu'elles ne sont pas toxiques ?) ou dans les champs, car elles pourraient avoir été traitées avec des substances chimiques (désherbants, produits antiparasitaires, pesticides, etc.).

Les fruits

Les fruits sont très riches en sucres et favorisent l'obésité. La quantité de fruits à administrer doit donc être très limitée, au maximum une ou deux cuillerées ou une tranche par jour. Si le lapin a des problèmes de poids, les fruits doivent être éliminés de son régime.

L'eau

Le lapin doit toujours avoir à sa disposition de l'eau fraîche et propre.
Pour être certain que l'eau reste propre, la meilleure façon de lui administrer consiste à utiliser une pipette que l'on accroche à la

LES LÉGUMES QUE L'ON PEUT DONNER AU LAPIN

Basilic	Épinards
Brocolis	Frisée
Carottes et fanes de carottes	Herbe
Céleri	Luzerne
Chicorée	Menthe
Chou	Persil
Chou frisé	Pissenlit (fleurs et feuilles)
Choux de Bruxelles	Poivron
Courgette	Scarole
Endive	Trèfle

LES COMPLÉMENTS ALIMENTAIRES

Si le régime alimentaire du lapin est équilibré, il n'est pas nécessaire de lui fournir des compléments minéraux ou vitaminés. Le lapin trouve en effet toutes les vitamines dont il a besoin dans les aliments (ou bien en assimilant celles qui sont produites par les bactéries dans l'intestin, quand il ingère le cæcotrophe) et tous les sels minéraux dans les légumes verts, qui en contiennent beaucoup.

paroi de la cage. On peut aussi utiliser une écuelle en céramique ou suffisamment lourde pour que l'animal ne la renverse pas. Toutefois, certains lapins qui ont l'habitude de boire dans une écuelle ont tendance à développer une dermatite humide à force de se mouiller le menton et le fanon : c'est une raison de plus pour choisir une pipette.
L'eau doit être changée tous les jours, le récipient lavé soigneusement et désinfecté avec un peu d'eau de Javel diluée, puis rincé abondamment.

Les conséquences d'un mauvais régime alimentaire

Nourrir un lapin avec des aliments très nourrissants et raffinés, comme les **graines**, le **pain**, les **biscuits** et les **flocons de céréales**, peut lui provoquer de sérieux problèmes de santé. En effet, ces aliments n'ont pas besoin d'être longuement mastiqués et la dentition du lapin risque de pousser de façon anormale et de s'altérer. Au bout de deux ans et demi, l'animal commence alors à souffrir à cause des pointes coupantes qui se sont formées dans sa bouche. Ce problème, qui s'appelle malocclusion, est très commun chez les lapins d'appartement mais inconnu chez les sujets sauvages. Ceux-ci vivent en effet sans jamais se nourrir de graines de tournesol, de pain ni de biscuits. Une conséquence secondaire encore plus grave de la malocclusion est le développement d'abcès sur la tête, qui demandent des soins longs et compliqués et qui sont même parfois impossibles à guérir.
Le lapin sauvage digère très bien la nourriture pauvre qu'il trouve dans la nature grâce aux micro-organismes qui vivent dans son intestin et qui produisent des substances nutritives qu'il réutilise ensuite. Les **hydrates de carbone** (qui composent le pain, les gressins, les pâtes, les biscuits, etc.) favorisent en revanche la croissance de micro-organismes nocifs, les clostridies. Plus il y a d'hydrates de carbone dans le régime, plus les clostridies se développent, au détriment des bactéries utiles. Si les clostridies augmentent trop, elles peuvent même causer une grave entérite et produire des toxines si puissantes qu'elles sont capables de tuer le lapin en très peu de temps. Un lapin qui consomme habituellement une certaine quantité d'hydrates de carbone peut apparaître en parfaite santé et avoir des selles normales, mais il y a certainement plus de risque qu'il ait une diarrhée après un stress, l'administration d'antibiotiques ou d'autres maladies.
De plus, des aliments trop nourrissants (comme les hydrates de carbone), mais aussi trop riches en graisses (comme les graines), ne risquent pas d'être digérés par le lapin d'appartement, qui est extrêmement sédentaire et qui a peu d'occasions de faire de l'exercice physique dont il aurait besoin. Quelle est la conséquence de ce régime ? Une prise de poids excessive de l'animal extrêmement embêtante du point de vue esthétique mais surtout dangereuse pour son cœur et ses reins, ce qui a pour conséquence de réduire considérablement son espérance de vie. Enfin, il ne faut jamais oublier que l'appareil digestif du lapin a besoin d'aliments riches en fibres (foin, herbe et légumes) pour pouvoir fonctionner, parce que ce sont les fibres qui stimulent son activité intestinale. Si son régime alimentaire n'en contient pas suffisamment, son transit intestinal ralentit puis s'arrête. Le lapin constipé ne mange plus et si l'on ne résout pas le problème, il peut même en mourir.

LES ALIMENTS À ÉVITER

- Biscottes
- Biscuits
- Biscuits au chocolat
- Céréales sucrées
- Chocolat
- Crackers
- Fougasses
- Gâteaux
- Pain
- Pâtes

Ce jeune lapin a l'air de beaucoup apprécier cette feuille succulente

Les aliments confectionnés

Après tout ce que nous avons vu jusqu'à présent, il est évident que les aliments confectionnés (qui contiennent des graines, des flocons de céréales, etc.) sont trop riches en hydrates de carbone et en graisses et qu'ils ne sont donc pas adaptés (ils sont même dangereux) à l'alimentation du lapin. Pourquoi alors sont-ils mis en vente ? C'est tout simplement pour une raison économique. En effet, de nombreux propriétaires de lapins continuent à les réclamer en les considérant comme des aliments adaptés et l'industrie continue donc à les produire. De plus, la composition de ces produits répond aux besoins alimentaires des lapins d'élevage qui ont besoin d'un aliment très énergétique, concentré et facilement assimilable pour pouvoir grandir rapidement et se reproduire de façon intensive. Il y a toutefois une différence entre les lapins de compagnie et les lapins d'élevage puisque l'on s'attend à ce que les premiers vivent longtemps, jusqu'à dix ans et plus, alors que les seconds sont abattus à 80-90 jours ou, si ce sont des reproducteurs, à l'âge de deux ans, après avoir été intensément exploités. On peut faire les mêmes remarques à propos des friandises pour lapins vendues dans les magasins, comme les bâtons de graines et de mélasse, les « bonbons » au yaourt, les biscottes et autres biscuits : ils sont conçus pour attirer et faire envie au propriétaire mais certainement pas pour fournir au lapin une alimentation correcte.
Évoquons enfin les fruits déshydratés (pommes, poires, abricots, etc.), vendus comme tels ou présents dans les aliments confectionnés : comme ils sont très riches en sucres, ils prédisposent l'animal à l'obésité et ne doivent donc être administrés que de temps en temps.

Un régime alimentaire sain est indispensable pour garantir la santé du lapin

POUR COMBATTRE QUELQUES IDÉES REÇUES…

Le pain dur est bon pour les dents	*Le pain dur n'apporte absolument rien aux dents. Émietté par les incisives et aggloméré par la salive, il n'a absolument aucune capacité abrasive sur les molaires et les prémolaires, qui continuent à pousser sans changement. En revanche, le pain est très mauvais pour l'intestin parce que, dépourvu de fibres et riche en hydrates de carbone, il favorise l'altération de la flore bactérienne intestinale.*
Les légumes frais sont nocifs	*Si c'était le cas, les lapins dans la nature se seraient déjà éteints puisqu'ils se nourrissent presque exclusivement de végétaux frais. Les légumes verts ne sont mauvais que s'ils sortent du réfrigérateur ou si le lapin n'a jamais été habitué auparavant à en consommer et que son intestin n'est donc pas préparé à les digérer.*
Si un lapin aime un aliment, cela signifie qu'il est bon pour lui	*Beaucoup de propriétaires ne résistent pas à la tentation de donner à leur lapin une friandise (un biscuit, un morceau de brioche, etc.) devant laquelle l'animal se montre très intéressé, donnant ainsi l'impression qu'il sait se « réguler » lui-même. En réalité, l'animal ne sait pas du tout ce qui est mauvais pour lui et c'est à nous de savoir dire non.*
Le yaourt est bon pour le lapin	*Même si les lactobacilles contenus dans le yaourt pourraient en théorie avoir un effet bénéfique pour l'intestin du lapin, il est probable qu'ils soient entièrement détruits par le milieu extrêmement acide de l'estomac du lapin (c'est ce qui se passe également chez les êtres humains) et que l'organisme de ce dernier soit incapable d'en tirer profit.*
Un peu de laxatif pour chats prévient l'accumulation de poils dans l'estomac	*Le lapin ingère normalement une grande quantité de poils pendant qu'il nettoie sa robe et, contrairement aux chats, il ne peut pas les régurgiter. Pour prévenir la formation d'amas de poils, il suffit d'administrer au lapin une alimentation riche en fibres, parce que ce sont les fibres qui stimulent l'activité intestinale et donc l'expulsion du poil. Le laxatif pour chats, composé de vaseline, enveloppe au contraire le contenu gastrique et empêche les sucs gastriques de pénétrer dans le bol alimentaire, bloquant ainsi la digestion.*
En cas de diarrhée, un peu de jeûne fait du bien	*Le jeûne est toujours mauvais pour un lapin parce qu'en l'absence d'ingestion continuelle d'aliments, son appareil digestif s'arrête. De plus, après seulement quelques jours de jeûne, son foie peut s'abîmer. En cas de légère diarrhée, il faut encourager le lapin à se nourrir de foin ou d'herbe, en excluant toute autre nourriture : les fibres contenues dans ces aliments représentent en effet le meilleur remède.*
Le lapin nain a des besoins alimentaires particuliers	*Bien qu'il soit d'une taille réduite par rapport aux autres lapins, le lapin nain a la même physiologie que ces derniers et ses besoins alimentaires ne sont en rien différents (sauf naturellement du point de vue de la quantité).*

RÉCOMPENSES OCCASIONNELLES

Si l'on veut « gâter » (attention, uniquement de façon occasionnelle) son lapin, on peut lui donner quelques grains de raisin sec ou une petite cuillerée de flocons de céréales non sucrées.

Comment effectuer un changement de régime alimentaire

Tout changement d'alimentation doit être effectué progressivement, en général en quelques semaines, en réduisant peu à peu la proportion d'anciens aliments et en introduisant les nouveaux par étapes, surtout s'il

L'EXCÈS DE CALCIUM PEUT ÊTRE DANGEREUX

Un régime trop riche en calcium peut causer au lapin différents problèmes de santé tels que des calculs vésicaux, des cystites ou même des calcifications anormales des vaisseaux sanguins ou d'autres organes. Si un de ces problèmes est diagnostiqué chez le lapin, il faut adopter une diète qui limite le calcium disponible pour l'organisme. Il faut avant tout éliminer les granulés, généralement très riches en calcium. Les autres aliments qui contiennent beaucoup de cet élément sont la luzerne (à remplacer par un autre fourrage), le pissenlit et le trèfle. Les fruits, à l'exception des figues et des figues de Barbarie, sont en revanche généralement pauvres en calcium. Rappelons toutefois que le métabolisme de ce sel minéral est assez complexe chez le lapin et on ne parvient pas toujours à éliminer les problèmes liés à l'excès de calcium en modifiant simplement son régime alimentaire.

s'agit de légumes frais : un changement soudain peut en effet provoquer chez le lapin une altération intestinale ou entraîner un refus complet de s'alimenter. Si l'animal est habitué à un régime à base de produits commerciaux avec des graines et des flocons, il est en effet possible qu'il refuse nettement des aliments plus sains, mais moins appétissants, tels que le foin et les légumes verts.
Il ne faut toutefois pas se décourager : il suffit d'un peu de persévérance pour parvenir à convertir le lapin à un régime plus salubre, pour son bien-être.
Il faut donc commencer par réduire la part d'aliments habituels, en laissant à sa disposition des quantités rationnées pour que le lapin reste un peu sur sa faim et qu'il ait envie d'essayer de nouveaux aliments.
On obtient parfois de bons résultats en laissant l'animal paître sur l'herbe, réveillant ainsi le comportement instinctif naturel de cette espèce. Si on utilise cette méthode, il faut également laisser chaque jour plus de temps au lapin pour brouter l'herbe fraîche.

Comment mettre le lapin à la diète

Une diète hypocalorique, destinée à faire perdre du poids au lapin, doit être mise en place de façon progressive. Il est très facile de prescrire un régime amaigrissant : le foin (un mélange de fourrage plutôt que de la luzerne) et les légumes frais sont fournis en quantité illimitée, tandis que les granulés et les fruits sont progressivement réduits avant d'être entièrement éliminés au bout de quelques semaines. Naturellement, toute friandise (raisins secs, céréales en flocons et autres produits similaires) doivent être rigoureusement bannis.
La perte de poids doit être progressive parce qu'un amaigrissement trop rapide peut être néfaste pour la santé de l'animal. L'idéal est une baisse hebdomadaire de 1-2 % du poids corporel. Il faut peser le lapin toutes les semaines et noter son poids pour pouvoir constater les progrès enregistrés. Il faut dans le même temps encourager une certaine activité physique, toujours de façon progressive, en permettant au lapin de passer plus de temps en liberté hors de sa cage.

Si le lapin est trop gras, il faut effectuer un changement de régime progressif accompagné d'un peu d'activité physique

Les soins périodiques

La robe

Un brossage régulier de la robe aide à la maintenir ordonnée et à retirer le poil mort pour ne pas qu'il soit avalé par le lapin ou qu'il ne se dépose sur les meubles et les tapis. La mue du poil intervient avec beaucoup d'intensité au printemps et en automne, et elle se prolonge pendant plusieurs semaines, mais il est conseillé d'entretenir la robe tous les jours de l'année.
Le brossage est particulièrement important pour les races à poil long afin de prévenir la formation d'amas de poils : chez ces lapins, il faut effectuer cette opération tous les jours. Sans un toilettage régulier, un lapin Angora peut en effet se transformer en un amas inextricable de poils feutrés et la seule façon d'y remédier est alors la tonte. Si l'on rencontre un nœud quand on brosse la robe, on peut essayer de le démêler ou bien de le supprimer. Dans ce dernier cas, il faut faire attention de ne pas couper aussi la peau : pour cela, il faut bien la tendre avec les doigts et travailler patiemment.
Le brossage de la robe est également une très bonne occasion pour examiner le poil et la peau de l'animal. On peut ainsi contrôler la présence d'éventuels parasites et l'existence de tuméfactions ou d'autres anomalies.

Chez les lapins à poil long, un brossage régulier de la robe évite la formation de nœuds

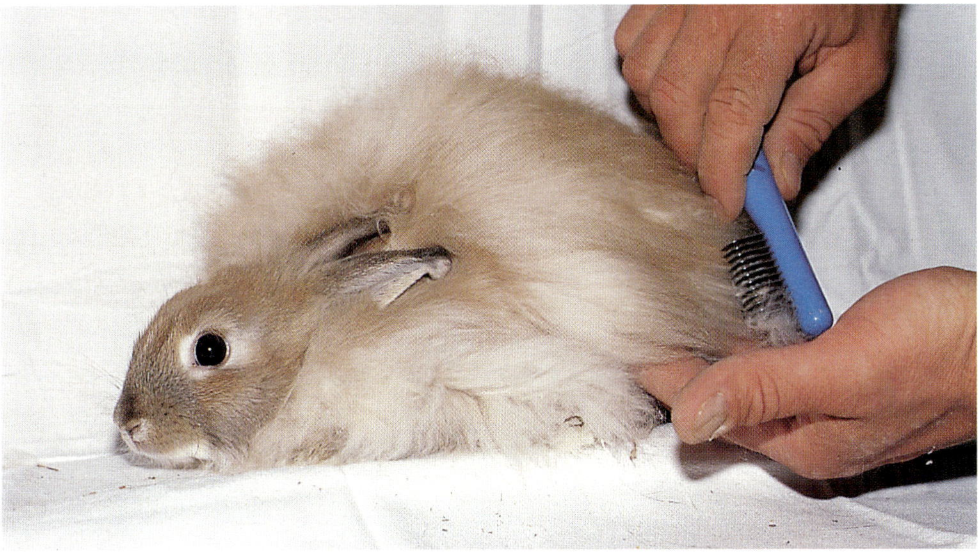

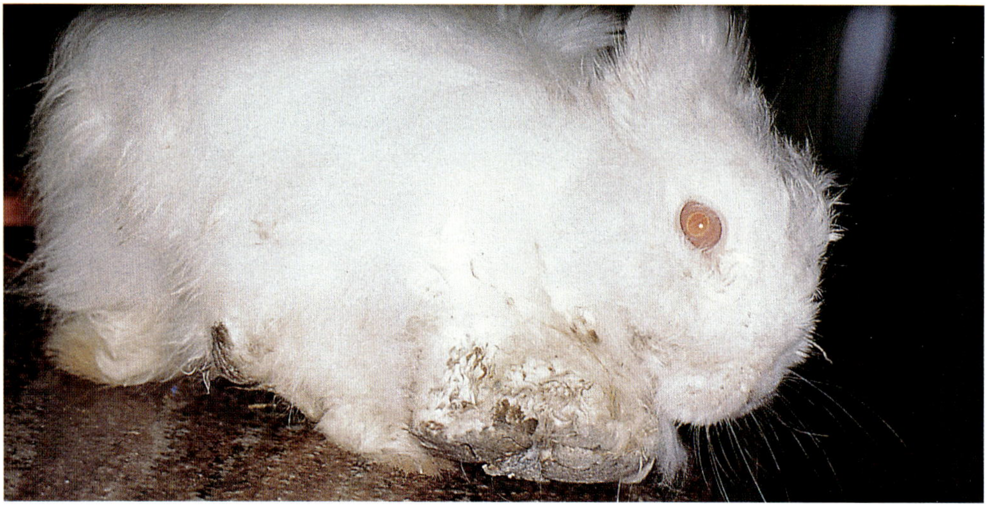

Si le toilettage de la robe est négligé, le poil se flétrit. Il n'y a alors plus d'autre solution que de couper la masse de poil abîmée

Le bain

En règle générale, il est préférable de ne pas donner un bain complet au lapin. Bien que certains sujets l'acceptent sans problème, cela peut représenter un grave stress pour d'autres. Dans tous les cas, il ne faut jamais donner un bain à des lapins malades, affaiblis et surtout souffrant de difficultés respiratoires.

Pour nettoyer une robe très sale, il suffit d'utiliser une serviette légèrement humide.

Les lapins sont très propres et ils lavent leur robe seuls et avec soin

Les ongles

Les ongles du lapin, qui poussent continuellement, ont moins l'occasion de s'user en appartement que dans la nature, parce que l'animal sauvage les utilise pour creuser dans la terre. Ils doivent donc être régulièrement contrôlés et éventuellement raccourcis. Des ongles trop longs peuvent en effet se coincer dans le grillage de la cage ou dans les tapis et s'arracher.

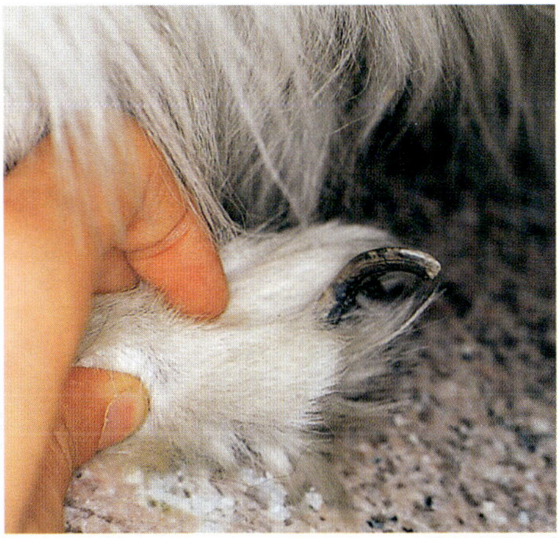

Les ongles doivent être raccourcis dès qu'ils deviennent trop longs pour éviter qu'ils ne s'accrochent et qu'ils ne se cassent. Pour cette opération, il faut utiliser un coupe-ongles pour chiens

Pour les couper, il ne faut pas utiliser les ciseaux mais un coupe-ongles (de ceux que l'on utilise pour les chiens et les chats), en faisant attention de ne pas atteindre la partie la plus proche du doigt, qui renferme les vaisseaux sanguins. Les vaisseaux sanguins sont très visibles si les ongles sont blancs (ils apparaissent sous la forme d'une petite structure rose au centre de l'ongle), mais sur des ongles foncés, il faut, à l'aide d'une lampe, regarder à contre-jour pour les distinguer. Si l'on a des doutes sur la façon d'effectuer correctement la coupe des ongles, il faut demander conseil au vétérinaire.

La zone génitale

Bien qu'un lapin en bonne santé et en bonne forme physique maintienne soigneusement propre sa zone génitale, il peut arriver que du cérumen brunâtre s'accumule dans les poches des glandes génitales.
Pour les inspecter, il faut mettre le lapin sur le dos, maintenir une pression sur ses genoux et nettoyer la zone génitale avec une gaze humidifiée d'eau tiède ou d'une solution de chlorhexidine.

Les oreilles

Même en l'absence de parasites, du matériau cérumineux peut s'accumuler dans les oreilles. Pour le retirer, on peut utiliser des produits pour chiens et chats qui dissolvent le cérumen : on effectue le nettoyage avec un peu de coton en faisant attention de ne pas repousser les saletés encore plus profondément. Il faut en revanche éviter l'utilisation de Coton-Tige, d'une part pour ne pas irriter la peau délicate du conduit auditif, d'autre part pour ne pas risquer d'abîmer le tympan.
Si le lapin a un prurit aux oreilles (on s'en aperçoit s'il secoue la tête), il est préférable que le vétérinaire vérifie la présence éventuelle d'une otite parasitaire.

Le lapin et les autres animaux

Il est possible de faire cohabiter un **chien** avec un lapin, mais cela dépend beaucoup du tempérament du chien. Il suffit en effet qu'il réagisse brusquement à l'encontre du lapin pour provoquer la mort immédiate de celui-ci. Il faut donc être extrêmement prudent quand on organise une rencontre. D'une façon générale, il est préférable que le premier contact survienne pendant que le lapin est dans sa cage (qui lui apporte un sentiment de sécurité et de protection) et que le chien soit tenu en laisse. Il faut enseigner au chien qu'en présence du lapin, il doit rester tranquille, ne pas gronder, aboyer ni donner des coups de pattes dans la cage, et le réprimander s'il se comporte mal. Naturellement, la rencontre entre les deux animaux est facilitée si le chien n'est pas un jeune chien fougueux mais qu'il est d'un caractère calme ou bien qu'il est très bien dressé. Il obéit ainsi sans difficulté aux ordres qu'on lui donne, sans se sentir stressé par des reproches continuels. Une fois que l'on constate que le chien se comporte bien quand le lapin est dans sa cage, on peut essayer de faire sortir ce dernier en tenant fermement le chien en laisse. On le récompense par des caresses ou des friandises s'il continue à bien se comporter. Si l'on connaît bien le caractère du chien et son degré d'obéissance, on peut savoir à quel moment et jusqu'à quel point on peut se fier à son comportement.

Si le chien arrive dans le foyer après le lapin, on peut effectuer l'opération inverse, c'est-à-dire laisser le lapin libre hors de sa cage et enfermer le chien dans un enclos, mais dans

La cohabitation avec un chien demande beaucoup de prudence : il faut en effet que les deux animaux se rencontrent et fassent connaissance très progressivement. On ne peut les laisser seuls que quand on est tout à fait sûr que le chien n'adoptera pas de comportements agressifs

la même pièce. Le chien pourra ainsi observer le comportement du lapin, s'habituer à sa présence et comprendre qu'il fait partie de la famille et qu'il ne doit pas l'attaquer. Dans le même temps, le lapin s'habituera à la présence du nouvel arrivant et comprendra qu'il ne constitue pas une menace. De temps en temps, il faut libérer le chien de son enclos et le tenir en laisse pendant que le lapin est en liberté. En revanche, il doit être laissé en liberté pendant que le lapin est en sécurité dans sa cage, mais il faut vérifier qu'il se comporte bien, qu'il ne s'agite pas et qu'il n'aboie pas.
Il faut agir ainsi très progressivement, jusqu'à ce que les deux animaux entrent en contact, se reniflent et même se lèchent, en vérifiant constamment que tout se passe sans la moindre marque d'hostilité de la part du chien. Avant de pouvoir les laisser ensemble, il faut être absolument sûr du comportement de son chien : s'il montre le moindre signe indiquant qu'il veut poursuivre ou attaquer le lapin, il ne doit jamais être laissé seul en sa compagnie.

Les **chats** et les lapins, une fois qu'ils ont fait connaissance, peuvent simplement s'ignorer ou s'entendre parfaitement et devenir de grands amis, jouant à se courir après, se léchant réciproquement et dormant même ensemble.
Il y a des lapins qui préfèrent même la compagnie d'un chat à celle d'un de leurs semblables. Leur cohabitation est particulièrement facilitée si on les a tous les deux très jeunes, mais elle est également possible avec des sujets adultes. Les problèmes les plus importants surgissent avec de jeunes chats, qui sont extrêmement vifs et peuvent embêter le lapin en voulant toujours jouer.
De même, il faut éviter de laisser un lapereau très petit avec un chat adulte : à cause de sa taille réduite, il peut en effet facilement être pris pour une proie (juste de la taille d'un rat), et donc être agressé.
Quand un chat se trouve devant un lapin de même taille que lui, il y a peu de chance pour qu'il l'attaque, sauf si le lapin s'enfuit. La fuite peut en effet déclencher chez le chat l'instinct de poursuite et de chasse. Si on a l'impression que le lapin risque d'adopter cette attitude face au félin quand ils sont tous les deux dans la même pièce, il est préférable, au moins dans les premiers temps, de laisser au lapin la possibilité de se réfugier dans une cage spacieuse dotée d'une caisse pour se cacher. Avec le temps, l'habitude réciproque débouche sur une cohabitation paisible, y compris quand le lapin est en liberté, mais il faut toujours agir progressivement : en effet, des semaines ou des mois sont parfois nécessaires avant d'obtenir un bon résultat.
Quand on a l'impression que les deux animaux sont prêts pour une « rencontre rapprochée », on peut les laisser tous les deux en liberté dans la même pièce pour qu'ils fassent progressivement connaissance, en gardant toujours un œil sur eux. S'ils se reniflent et s'observent mutuellement avec prudence et respect, aucune intervention n'est nécessaire.
Le lapin peut être intéressé par le chat parce que, étant un animal social, il essaie d'établir la position mutuelle qu'ils occupent dans l'échelle hiérarchique, tandis que le chat peut être intrigué par le lapin parce que, bien que ce soit une proie, il ne montre pas d'instinct de fuite.
Il arrive souvent qu'un chat qui arrive après un lapin dans un foyer soit attaqué par ce dernier et qu'il préfère adopter une retraite prudente. Dans ce cas, aucune intervention n'est nécessaire : le lapin aura en effet montré qu'il sait se faire respecter et avec le temps, il y a de grandes chances pour que les deux animaux deviennent amis.
Quand en revanche un lapin que l'on vient d'acheter arrive dans une maison où vit déjà un chat, il est préférable de laisser quelques semaines s'écouler avant de mettre en contact les deux animaux, parce que les

ATTENTION AUX CHIENS ET AUX CHATS INCONNUS

Bien que le lapin puisse cohabiter pacifiquement avec les chiens ou les chats de la maison, les animaux étrangers constituent en revanche un grave danger. Il faut donc prendre toutes les précautions pour qu'il n'en rencontre jamais. On doit toujours surveiller très attentivement le lapin, surtout quand il est à l'extérieur, en vérifiant que des chats étrangers ne puissent pas accéder au balcon ni à la terrasse sur lesquels se trouve le petit animal.

Après une première période où ils se découvrent et font connaissance, les chats et les lapins peuvent très bien cohabiter tranquillement

S'ils grandissent ensemble, la bonne entente est garantie

changements sont très stressants pour les lapins. Il est donc particulièrement pénible pour eux d'avoir à s'habituer en même temps à un nouveau cadre et à la présence d'un chat. Dans tous les cas, il ne faut jamais laisser les deux animaux ensemble sans surveillance tant que l'on n'est pas sûr de leur comportement. Les chats ont un caractère indépendant et sont difficiles à dresser et s'ils se comportent bien en notre présence, ils pourraient profiter d'être seuls pour exprimer leur instinct de chasseurs sur une proie qui est à leur portée. Il ne faut pas non plus oublier de couper les ongles des deux animaux pour éviter des blessures accidentelles et d'éventuels abcès.

Cobaye et lapin : un couple insolite mais pacifique

Le **cobaye** et le lapin, qui sont tous deux des animaux sociaux ayant besoin de compagnie, peuvent facilement s'entendre. Toutefois, il est nécessaire de stériliser le lapin (que ce soit un mâle ou une femelle) pour éviter qu'une fois la maturité sexuelle atteinte, il essaie toujours de saillir le cobaye, ou qu'il se comporte agressivement vis-à-vis de lui. Dans tous les cas, il est conseillé de placer une caisse à l'intérieur de la cage qui ne permette qu'au cobaye d'entrer.
Le seul risque de cette cohabitation, c'est que le lapin transmette à son petit ami un germe, *Bordetella bronchiseptica*, inoffensif pour lui, mais dangereux pour le cobaye.

Le lapin peut s'entendre également avec des **perroquets** de petite taille ou des perruches, mais les perroquets plus grands, comme les aras, ont souvent un caractère agressif et territorial qui les pousse parfois à essayer de poursuivre et d'attaquer le lapin, si ces derniers peuvent circuler librement dans la maison.

En général, les **reptiles** et les lapins s'ignorent mutuellement, exception faite des serpents de grande taille, comme les boas et les pythons qui considèrent le lapin comme une bonne proie et qui doivent donc être tenus rigoureusement éloignés de l'animal.

Le **furet** est le prédateur typique du lapin, dressé précisément pour chasser cet animal : il peut en effet attaquer et tuer un exemplaire deux fois plus grand que lui. Les deux animaux ne doivent donc jamais entrer en contact : tenter de dresser un furet à respecter un lapin est une entreprise vouée à l'échec.

La cohabitation avec un autre lapin

Sociable et aimant la vie en groupe dans la nature comme dans la maison, le lapin apprécie la compagnie d'un de ses semblables, avec lequel il est capable d'établir un lien profond d'affection et d'amitié. Deux lapins peuvent même jouer ensemble, y compris en l'absence de leur propriétaire.
Il est très facile de faire cohabiter rapidement deux lapins s'ils arrivent tout petits et en même temps dans leur nouvelle maison. Ils se lient instinctivement même si leur provenance est différente. Il est plus facile de faire cohabiter un mâle et une femelle (tous les deux stérilisés), même si avec le temps deux lapins du même sexe peuvent finir par être très liés. S'il s'agit de deux mâles, il est toutefois indispensable qu'ils soient stérilisés.
La stérilisation est indispensable pour réduire l'instinct de territorialité typique de cette espèce et faciliter la cohabitation. Dans le cas contraire, il pourrait s'instaurer entre eux des luttes ouvertes pour la défense du territoire. De plus le mâle, même s'il est stérilisé, conserve souvent l'instinct de saillir la femelle et si celle-ci n'est pas stérilisée, cet accouplement risque de lui provoquer une grossesse nerveuse, avec tous les troubles et les changements d'humeur que cela comporte. Si l'on souhaite au contraire avoir un couple dans le but précis de la reproduction, il faut que le mâle et la femelle vivent séparément. Ils ne seront mis ensemble que le temps strictement nécessaire à leur accouplement.
La race et la taille n'ont aucune importance quand on cherche un ami pour son lapin. Un sujet de taille naine et un géant peuvent en effet parfaitement s'entendre. Il peut même arriver que ce soit le petit qui domine l'autre. L'âge en revanche a plus d'importance : il est préférable de rassembler deux adultes ou bien deux jeunes, plutôt qu'un lapereau avec un adulte.

Dans tous les cas, si un des deux lapins arrive avant l'autre dans la maison et qu'il y a établi son territoire (soigneusement marqué avec ses odeurs), il faut que les deux sujets fassent connaissance dans un lieu neutre et de façon progressive. Une période de préparation est également nécessaire avant de laisser les deux animaux en contact direct. Les deux lapins doivent être logés dans des cages séparées mais voisines, afin qu'ils aient la possibilité de se voir et de se sentir, sans toutefois pouvoir s'agresser. Durant les périodes de liberté, chacun d'eux doit être placé dans une pièce différente. Au bout d'une semaine ou deux, ils peuvent commencer à faire connaissance plus directement. La première rencontre doit survenir dans un lieu neutre, c'est-à-dire un endroit nouveau pour les deux lapins afin qu'aucun des deux ne puisse le revendiquer. Si un lapin en voit un autre dans son milieu, il aura très probablement tendance à l'agresser et il essaiera de le chasser. On peut choisir une pièce de la maison à laquelle l'« ancien » lapin n'a jamais eu accès, par exemple le garage, une terrasse ou simplement la baignoire. On organise chaque jour des « moments de rencontre » de 20 à 30 minutes, en surveillant avec attention ce qui se passe. Si tout se déroule bien, on laisse les deux lapins passer chaque jour de plus en plus de temps ensemble.

Une fois qu'ils sont ensemble, les deux animaux peuvent se comporter de différentes manières. Dans le meilleur des cas, ils s'entendent immédiatement, s'acceptent et se lèchent mutuellement. On peut alors essayer de les transférer dans la pièce qu'ils devront occuper ensemble, en surveillant bien qu'ils continuent à se comporter pacifiquement.

Dans la plupart des cas, en revanche, les deux animaux montrent une méfiance mutuelle (en faisant semblant de s'ignorer et en restant à distance l'un de l'autre) qui disparaît avec le temps. Ils peuvent aussi essayer de s'accoupler (en général le mâle essaie de couvrir la femelle mais dans le cas d'une femelle dominante et d'un mâle soumis, c'est l'inverse qui peut se produire). Dans cette éventualité, le lapin qui est couvert peut rester passif, montrant qu'il accepte cette situation, ou bien se rebeller et contre-attaquer. Enfin, dans le pire des cas les deux

Ces trois lapins qui sont nés de la même portée et qui ont grandi ensemble s'entendent parfaitement bien

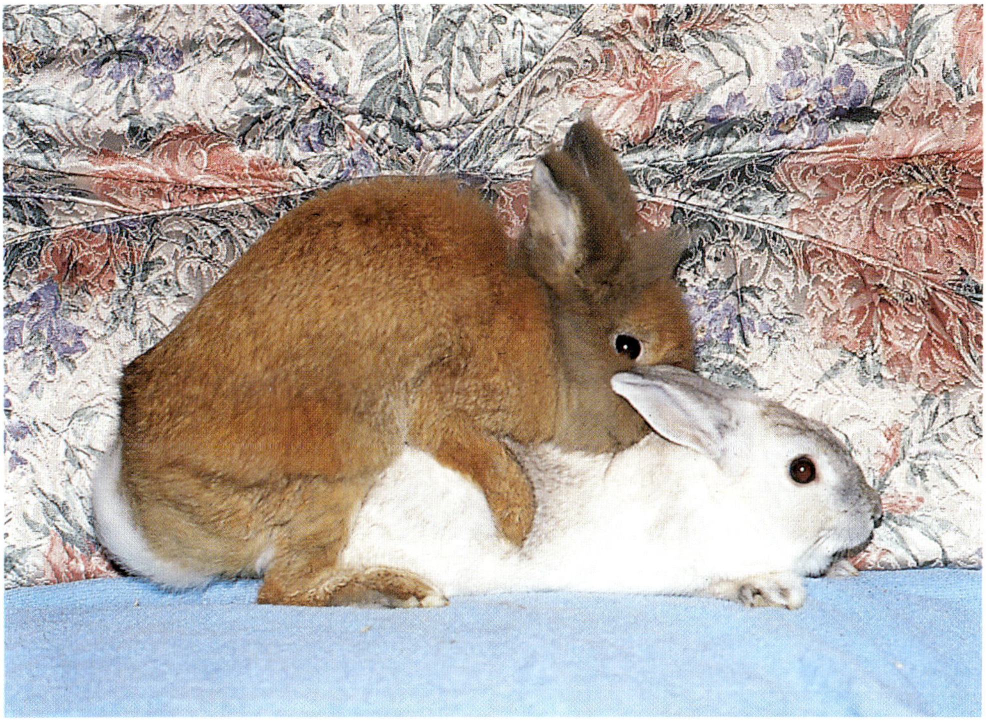

La stérilisation est obligatoire pour les lapins mâles

lapins commencent immédiatement à s'agresser. S'il y a des bagarres, il faut intervenir rapidement pour séparer les deux belligérants qui pourraient finir par se blesser sérieusement. La meilleure méthode pour cela consiste à utiliser un vaporisateur : une giclée d'eau sur le museau les arrête immédiatement.

Si l'on agit progressivement et avec persévérance, tout en surveillant constamment les animaux, on est récompensé de voir une grande amitié s'instaurer entre les deux lapins. Une fois qu'ils se sont réciproquement acceptés, on peut les transférer dans un espace commun et les laisser ensemble, même sans surveillance.

La reproduction

Avant d'envisager de faire se reproduire ses lapins, il faut savoir exactement où les petits qui vont naître seront placés. Voir grandir des lapereaux très mignons et qui inspirent une incroyable sympathie est une très belle expérience, mais très rapidement, il est indispensable de leur trouver un nouveau logement. Naturellement, on peut aussi décider de loger chez soi plusieurs sujets, mais cela comporte de nombreux problèmes et inconvénients (des frais de vétérinaire pour les vaccinations, les stérilisations et les soins éventuels, l'achat de cages et d'aliments, la somme d'attentions, d'espace et d'affection à leur fournir, etc.).

Un propriétaire responsable doit donc être capable de placer correctement ses lapereaux, en ne les confiant qu'à des personnes disposées à leur fournir tous les soins nécessaires et à les conserver comme animaux de compagnie. Une autre solution peut consister à les proposer à un magasin d'animaux, en espérant qu'ils trouvent ensuite une bonne maison d'accueil. Dans tous les cas, si l'on n'est pas sûr de trouver un bon placement pour les lapereaux, il est préférable de ne pas se lancer dans l'aventure de la reproduction.

Quand on confie les petits à un nouveau propriétaire, surtout s'il est inexpérimenté, il faut également lui fournir toutes les informations nécessaires à leur élevage, notamment en ce qui concerne l'alimentation. En effet, s'ils ne suivent pas un régime correct, surtout pendant la période de sevrage, les lapereaux courent le risque de contracter une entérite d'origine alimentaire. De même, les changements brusques d'alimentation ont des conséquences particulièrement graves. Le nouveau propriétaire doit donc respecter leur ancien régime alimentaire, au moins pendant une certaine période.

La maturité sexuelle

L'âge de la maturité sexuelle chez le lapin dépend de sa taille : elle survient plus précocement chez les races naines et plus tardivement chez les géantes. En moyenne, elle est atteinte entre quatre et dix mois, aussi bien chez le mâle que chez la femelle. L'âge du début de la reproduction des lapins est donc proportionnel à leur taille : cinq mois environ chez les races naines, six mois chez les races moyennes et neuf-douze mois chez les races géantes.

LA REPRODUCTION DU LAPIN EN CHIFFRES

Maturité sexuelle du mâle : 6-10 mois.

Maturité sexuelle de la femelle : 4-9 mois.

Durée de la gestation : 29-35 jours.

Nombre de mamelles : 4-5 paires.

Nombre de petits : 4-12.

Poids à la naissance : 30-80 grammes.

Ouverture des yeux : 10 jours.

Âge du sevrage : 3-6 semaines (de préférence 7).

Avant de décider de faire se reproduire ses lapins, il faut penser à l'avance à l'installation des futurs petits

L'appareil reproducteur mâle

Les testicules du lapin restent à l'intérieur de la cavité abdominale jusqu'à l'âge de trois mois, avant de descendre dans le scrotum par une ouverture de la paroi abdominale, appelée anneau inguinal. Contrairement à ce que l'on observe chez de nombreux mammifères, les anneaux inguinaux du lapin restent toujours ouverts et les testicules peuvent donc facilement rentrer dans l'abdomen. La localisation des testicules, sur les côtés du pénis plutôt qu'à l'arrière, est plus proche de celle des marsupiaux que de celle des mammifères.
Après la puberté, le mâle est toujours fertile et prêt à s'accoupler. Il ne connaît donc pas de périodes de chaleur bien distinctes.

L'appareil reproducteur femelle

L'utérus de la lapine a une forme de « V » dont les deux branches sont appelées cornes utérines. À l'extrémité de ces cornes utérines, on trouve les ovaires, qui produisent les ovules qui seront fécondés par le mâle. Contrairement à ce qui se produit chez de nombreux mammifères, les deux cornes ne communiquent pas entre elles dans la partie postérieure de l'utérus, mais chacune d'elles s'ouvre de façon indépendante, avec son propre col, dans le vagin.
Le cycle de reproduction de la lapine ne comporte pas une période courte et définie pendant laquelle elle est en chaleur, c'est-à-dire prête pour l'accouplement, comme cela s'observe par exemple chez les chiennes. Au contraire, elle connaît de longues périodes de réceptivité, qui varient en moyenne de quatre à dix jours, pendant lesquels elle peut s'accoupler et devenir gravide. Ces périodes réceptives se succèdent périodiquement, entrecoupées de courtes périodes (d'un jour ou deux) d'inactivité, pendant lesquelles les ovaires produisent de nouveaux ovules, prêts à être fécondés. Cette disponibilité presque permanente pour l'accouplement est une des explications de la grande fécondité proverbiale des lapins. Cela explique la rapidité avec laquelle ils parviennent à coloniser si efficacement un nouveau milieu dans lequel ils sont introduits.

Le choix des reproducteurs

Les lapins choisis pour la reproduction doivent être en bonne santé, en excellente condition physique et dépourvus de défauts génétiques qu'ils pourraient transmettre à leurs petits (par exemple une malformation des incisives). La femelle notamment ne doit pas se reproduire si elle a des problèmes de santé, si elle est convalescente ou encore si elle est obèse ou trop maigre. Une autre caractéristique importante dont il faut tenir compte est le caractère du lapin, qui comprend également une composante héréditaire. Il faut donc choisir des reproducteurs dociles et au bon tempérament, en écartant les sujets agressifs ou au contraire excessivement timides et peureux.
Pour obtenir des lapins d'une race particulière, destinés par exemple aux expositions, il faut que les parents soient des exemplaires de très bonne qualité inscrits dans le répertoire généalogique de l'espèce, et qu'ils reflètent les qualités requises par le standard de la race. Pour obtenir un jugement critique sur les reproducteurs ou pour trouver des sujets adéquats, le meilleur moyen est de s'adresser à un éleveur.
Les lapins que l'on trouve dans les animaleries ont toutes les qualités pour être de bons animaux de compagnie mais ce sont rarement des sujets de valeur pour les expositions. Si en revanche on a l'intention de faire se reproduire des lapins pour offrir des petits à des amis ou les confier à un magasin, leur aspect et leur « pedigree » ont moins d'importance que le fait que leurs parents soient en bonne santé.

L'accouplement

À partir du moment où la femelle ne connaît pas de période de chaleurs très précise et qu'elle est donc presque toujours prête pour l'accouplement, sa reproduction s'en trouve très facilitée. Quand elle est prête à accepter le mâle, elle est en général nerveuse et inquiète, elle frotte son menton contre des objets pour les marquer avec ses glandes et sa vulve peut apparaître plus rouge. Toutefois, il n'est pas nécessaire d'observer ces comportements pour décider de l'accouplement, parce qu'ils ne se manifestent pas de façon systématique.
Dans les élevages, la femelle est placée dans la cage du mâle pour qu'ils s'accouplent. Comme elle est beaucoup plus possessive vis-à-vis de sa cage que son compagnon, elle pourrait en effet réagir avec agressivité si un lapin étranger y était introduit. Si l'accouplement avait lieu dans un lieu neutre, le mâle serait en revanche trop occupé à l'explorer et à le marquer pour s'intéresser à la femelle.
Si le mâle a déjà été accouplé précédemment et qu'il est pour ainsi dire « expérimenté », il couvre la femelle au bout de trente secondes. La femelle, de son côté, montre sa disponibilité en soulevant la partie postérieure de son corps et en levant la queue, ce qui facilite également l'accouplement. Après la saillie, le mâle émet un petit cri ou un grognement et retombe sur le côté. Il faut les laisser s'accoupler plusieurs fois mais les deux animaux ne doivent pas être laissés ensemble pendant plus d'une demi-heure, après quoi la femelle est remise dans sa cage. Si en revanche la femelle n'est pas prête, il faut réessayer le lendemain ou le surlendemain.
Il est très important de noter le jour de l'accouplement pour pouvoir calculer avec précision la date prévue pour la mise bas et intervenir rapidement si des problèmes surgissent au terme de cette période.

Accouplement entre deux lapins de race Bélier

SI LA FEMELLE « FAIT LA DIFFICILE »

Il arrive que la lapine refuse de s'accoupler, même si elle est prête, parce qu'elle est trop timide ou trop agressive ou bien que ce soit elle qui cherche à saillir le mâle. On peut dans ce cas faciliter l'accouplement en appuyant sa main sur le dos de la lapine pour l'immobiliser.

La gestation

L'accouplement provoque la libération des ovules (c'est la raison pour laquelle la lapine est définie comme un animal à « ovulation induite »).
La gestation dure habituellement 31-32 jours, mais peut varier entre 29 et 35 jours. Le diagnostic, qui consiste à palper délicatement l'abdomen de la lapine, doit être exécuté 10-14 jours après l'accouplement par une personne experte : si la palpation est effectuée avec trop de force, cela peut en effet abîmer les fœtus. Si la lapine est gravide, on peut percevoir les fœtus à l'intérieur de l'utérus, qui sont de la taille de petits grains de raisin.
Quelques jours avant la mise bas, la lapine commence à construire un « nid » pour ses petits, en utilisant son propre poil qu'elle arrache avec ses dents. Ce processus est favorisé par l'action des hormones œstrogènes dont le niveau commence à augmenter vers la fin de la gestation. Parfois en revanche, la mère ne s'arrache le poil qu'après la naissance des petits, mais ce comportement est également normal.
Quelques jours avant la date prévue pour la mise bas, il faut placer dans la cage une caisse-nid (pour une lapine de taille moyenne une caisse de 40×30×30 convient très bien) dotée d'une ouverture facile et d'un rebord relevé : cela permet à la mère d'entrer et de sortir facilement sans que son ventre ne heurte le bord de la caisse et ne blesse ses mamelles. La présence d'un rebord surélevé est aussi très importante pour empêcher que les petits ne tombent de la caisse parce que la mère ne pourrait pas les récupérer. La caisse-nid, rembourrée de paille propre, doit être placée à l'opposé de la caisse hygiénique pour éviter qu'elle ne soit utilisée comme toilettes. C'est la lapine qui se chargera de rendre son « nid » encore plus confortable en y ajoutant du poil.

La mise bas et l'allaitement

Les petits naissent habituellement la nuit ou aux premières heures de la matinée. Ils sont très immatures, sans poil, les yeux et les oreilles fermés, et ils pèsent en moyenne entre 30 et 80 grammes chez les races moyennes.
Le nombre de petits dépend de la race : chez les races naines, il est en moyenne de quatre ou cinq, tandis que chez les races géantes, il peut varier de huit à douze. En général, il y a moins de petits lors de la première mise bas qu'au cours des parturitions suivantes.
La mise bas se déroule habituellement très rapidement (en 10 à 30 minutes) et l'intervention humaine est rarement nécessaire.
Après la mise bas, la mère lèche soigneusement ses petits et avale le placenta, pour nettoyer sa couche. Au bout de quelques minutes, tous les lapereaux commencent à chercher une tette et à téter le lait. Comme la lapine ne possède que huit à dix mamelles il peut y avoir des problèmes d'élevage si le nombre de petits est supérieur. Le lendemain de la mise bas, on doit inspecter la couche et éliminer les restes de placenta ou éventuellement les lapereaux morts ou déformés.
La lapine se comporte différemment des autres mammifères avec ses petits : elle adopte une attitude qui peut être faussement interprétée comme un manque d'intérêt pour eux. En effet, la mère ne reste avec ses petits que quatre ou cinq minutes par jour, mais ce comportement est tout à fait normal.
Quand la lapine entre dans la caisse, les petits se ruent immédiatement sur ses mamelles, qu'ils parviennent à repérer grâce à des substances odorantes, les phéromones, produites à proximité des tettes. Pendant les quelques minutes au cours desquelles la mère reste avec eux, les lapereaux avalent tout le lait quotidien dont ils ont besoin et qui correspond à 20 % de leur poids corporel.

LA GROSSESSE NERVEUSE

Il arrive que la lapine ovule spontanément, c'est-à-dire sans avoir été couverte par le mâle (cela peut par exemple arriver si elle est montée par une autre femelle ou s'il y a un mâle dans les environs). Ce phénomène, commun également chez la chienne, est appelé grossesse nerveuse ou fausse grossesse. Elle dure en général entre 14 et 18 jours durant lesquels la lapine manifeste les mêmes comportements que ceux que l'on observe au cours d'une gestation : elle s'arrache le poil, construit son « nid » et ses mamelles produisent du lait. À la fin de la grossesse nerveuse, la lapine redevient fertile et est en mesure de connaître une gestation normale.

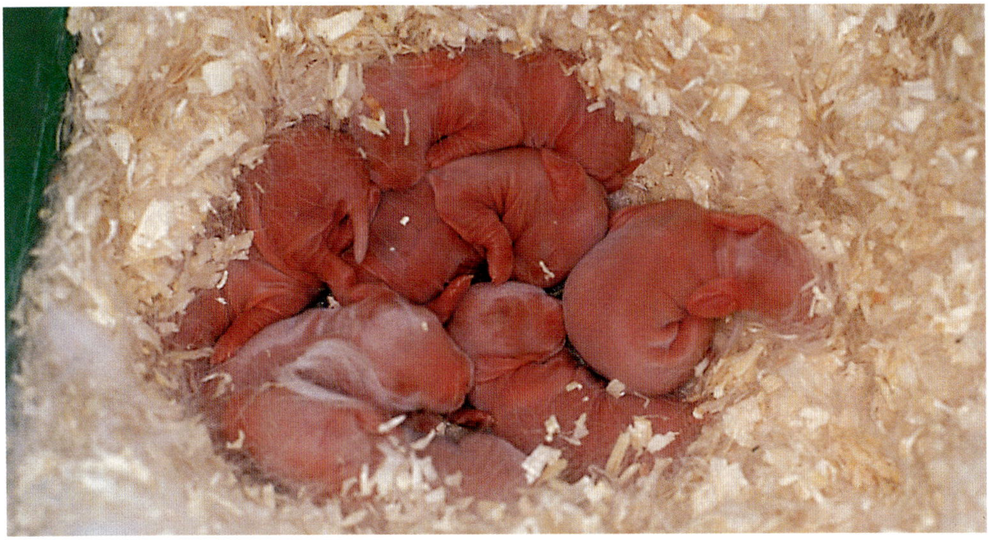

Ces petits âgés de trois jours qui se reposent tranquillement enveloppés dans la chaleur de la couche rembourrée par le poil de leur mère sont nus et ont les oreilles et les yeux fermés

LE LAIT

Le lait de lapine est beaucoup plus nourrissant que le lait de vache : il contient en effet le triple de protéines et de graisses, même si le sucre (le lactose) est présent en quantité nettement inférieure. Le lait produit pendant les deux ou trois premiers jours, appelé colostrum, est particulièrement riche en anticorps, qui servent à protéger les lapereaux des maladies infectieuses en leur transmettant l'immunité acquise par la mère.

	Lait de lapine	Lait de vache
Protéines	*10 %*	*3 %*
Graisses	*12 %*	*4 %*
Lactose	*2 %*	*5 %*

LE RÔLE DU PÈRE

Le mâle ne participe pas du tout à l'élevage de ses petits et même au contraire, il peut arriver qu'il les attaque et qu'il les tue. Pendant la gestation et l'allaitement, il faut donc séparer la femelle du mâle.

Le cannibalisme

Le cannibalisme n'est pas un phénomène aussi fréquent chez les lapines que chez certains rongeurs en captivité (par exemple les hamsters), mais ce comportement peut toutefois se produire. Il peut être provoqué par la présence de petits morts ou difformes ou encore se produire si la lapine ne se sent pas en sécurité. Le cannibalisme se manifeste cependant plus souvent lors de la première mise bas, quand la femelle manque encore d'expérience.

Pour éviter ce phénomène, les petits et la mère doivent être dérangés le moins possible et il ne faut jamais prendre les nouveau-nés dans ses mains, sauf s'ils ont roulé hors de la couche.

Les petits

Les petits lapins grandissent rapidement. À une semaine, leur poil commence à apparaître, à dix jours ils ouvrent les yeux et un ou deux jours après, leurs oreilles s'ouvrent également. Comme tous les petits mammifères qui naissent immatures, les lapereaux sont incapables de conserver une température adéquate de leur corps de façon autonome. Quand leur mère n'est pas avec eux pour les réchauffer, ils se tiennent chaud en se serrant les uns contre les autres et en profitant de l'isolation offerte par le rembourrage de la couche. S'ils sont exposés à un milieu trop froid, si la couche n'est pas correctement construite ou si elle est humide, les petits risquent de voir leur température corporelle baisser, et cette hypothermie peut provoquer leur mort rapide. Il est donc fondamental que la cage soit placée dans un endroit chaud et sec, à l'abri des courants d'air et que la couche ne soit pas mouillée.

Le sevrage

À l'âge de trois semaines, les lapereaux commencent à sortir de leur couche et à ronger de la nourriture solide, mais ils continuent à téter le lait maternel jusqu'à ce qu'ils aient huit semaines, quand ils peuvent être considérés comme sevrés : il est alors temps de les séparer de leur mère et de les confier à une nouvelle famille.
Il faut choisir très attentivement le premier aliment que l'on administre aux petits parce qu'une mauvaise décision peut leur causer de graves troubles intestinaux entraînant parfois leur mort. La période de transition entre le régime lacté et le régime végétarien est extrêmement délicate : d'importants changements surviennent en effet dans l'intestin, ce qui permet, dans des conditions idéales, le développement de la flore bactérienne, indispensable à la survie des lapereaux. En outre, pendant la période de sevrage, leur appareil gastro-entérique est particulièrement propice au développement de bactéries pathogènes : voilà pourquoi il ne faut pas essayer de précipiter le sevrage mais y arriver progressivement.
À partir de la troisième semaine, on peut commencer à présenter aux petits de la luzerne de très bonne qualité et des granulés, en faisant attention de ne pas laisser à leur disposition d'autres aliments jusqu'à la septième semaine. Après cela, on peut leur administrer de petites quantités de légumes que l'on augmente progressivement au fil des mois. Après le septième mois, quand leur croissance est terminée, on remplace progressivement la luzerne par du fourrage mixte (jusqu'à ce que l'on élimine entièrement la luzerne) et on réduit la quantité de granulés. Si le lapin a tendance à grossir, on peut aussi supprimer complètement les granulés.

Comment élever des lapins orphelins

Il est assez difficile d'élever des lapereaux qui sont orphelins ou qui ont été négligés par leur mère, pour une raison ou pour une autre. Avant de considérer que la mère néglige ses petits, il faut avant tout se rappeler que la lapine n'allaite que quelques minutes par jour, en une seule fois (habituel-

À dix jours, les petits sont entièrement recouverts de poil...

... et ils commencent à ouvrir les yeux

LES DANGERS LES PLUS FRÉQUENTS

Quand on élève artificiellement des lapins orphelins, il faut avant tout faire attention à la pneumonie (provoquée par le lait qui s'infiltre dans les poumons), à l'hypothermie (causée par une température insuffisante de la couche, c'est-à-dire inférieure à 35 °C) et à la diarrhée (causée par la composition du lait utilisé).

lement la nuit ou tôt le matin), et que le reste de la journée elle ne reste pas avec sa portée. Il faut donc faire attention de ne pas intervenir de façon inappropriée ni considérer que des petits sont négligés alors que la mère s'occupe parfaitement bien d'eux.
Si cela est possible, il faut placer les petits orphelins avec une autre lapine qui allaite. Il est plus que probable qu'une femelle accepte des petits qui ne sont pas les siens si ces derniers sont âgés de moins de deux semaines et qu'ils n'ont pas plus de deux jours d'écart avec les siens. Si l'on applique une goutte de parfum devant le nez de la lapine afin de tromper son odorat, il y aura encore moins de risque qu'elle refuse les petits.
Les lapereaux orphelins âgés de moins de trois semaines peuvent être nourris artificiellement, deux ou trois fois par jour, avec du lait en poudre pour chiot ou chaton vendu dans les animaleries. Au cours des premiers jours, on peut leur administrer jusqu'à 5 ml de lait (une cuillerée à café) et on augmente progressivement la quantité jusqu'à 15 ml (une cuillerée à

Au cours des trois premières semaines de leur vie, les petits se nourrissent exclusivement du lait maternel

Une femelle de Bélier avec son petit désormais sevré

soupe) pendant la deuxième semaine, pour arriver à 25 ml au cours de la troisième.
On continue ensuite pendant quelques semaines avec une dose de 30 ml par jour, jusqu'à ce que les petits soient capables de manger seuls du foin et des granulés en quantité suffisante. Le lait doit être administré avec un biberon pour chiots, en n'oubliant pas de percer un trou adapté sur la tétine pour que le lait s'écoule bien.
Attention de ne pas appuyer trop énergiquement sur la tétine parce que le lait risquerait de couler dans les poumons du lapin. Après chaque repas, il faut nettoyer délicatement la zone anale des petits avec un morceau de coton imbibé d'eau tiède, pour stimuler la miction et la défécation.
Les petits doivent être maintenus au chaud dans une couche confortable, rembourrée avec une bonne épaisseur de paille ou de morceaux de journaux recouverts de poils de lapin, si cela est possible, ou bien de laine.
On peut également réchauffer la couche avec un coussin chauffant (comme ceux que l'on utilise dans les terrariums) que l'on applique sur le fond de la caisse, pour qu'il réchauffe le fond de la couche jusqu'à une température de 27 °C. Pour éviter toute erreur, il est conseillé de contrôler fréquemment la température avec un thermomètre.

La santé

La physiologie du lapin, les maladies contre lesquelles on le vaccine, ses réactions aux médicaments et les problèmes de santé auxquels il est confronté sont très différents de ceux des animaux plus « conventionnels », comme le chien et le chat, et ils nécessitent des connaissances vétérinaires spécifiques. Pour soigner son lapin, il faut donc s'adresser à un vétérinaire spécialisé et qui connaît en particulier le lapin en tant qu'animal de compagnie. Le lapin d'appartement présente en effet beaucoup de problèmes que l'on ne rencontre pas chez les lapins d'élevage. Il n'y a encore pas si longtemps, les seules informations médicales sur cet animal concernaient uniquement le sujet d'élevage intensif, mais au cours de ces dernières années, la médecine spécialisée dans le lapin de compagnie a fait d'énormes progrès et est en perpétuelle évolution.

Pour soigner correctement un lapin, il est indispensable de s'adresser à un vétérinaire ayant une bonne expérience de cette espèce : en effet, les maladies et leurs traitements sont complètement différents de ceux des chiens et des chats

Chez le vétérinaire

La recherche d'un vétérinaire spécialiste des lapins de compagnie doit être effectuée avant même l'achat de l'animal. En effet, en cas d'urgence, il faut savoir où se rendre immédiatement. Avant de se rendre dans un cabinet de consultation avec un lapereau, il faut toujours essayer de prendre un rendez-vous téléphonique avec le vétérinaire pour que le temps passé dans la salle d'attente, avec des chiens et des chats, soit le plus court et le moins stressant possible. Pour se rendre chez le vétérinaire, on peut transporter le lapin à l'intérieur de sa cage, si elle n'est pas trop encombrante, ou le placer dans un panier de transport pour chats. Dans ce cas, il est préférable d'opter pour les paniers de transport en plastique parce que des parois fermées rassurent plus l'animal que des barreaux.

La prévention des maladies

La plupart des problèmes de santé du lapin peuvent être facilement évités si on s'occupe bien de lui et que l'on prend quelques simples précautions. Voyons à présent ce

Jour de visite : pour éviter un stress inutile au lapin, il faut prendre rendez-vous chez le vétérinaire avant de s'y rendre

LE PREMIER CONTRÔLE

Juste après l'achat, il est important de soumettre le lapin à un contrôle pour vérifier qu'il est en bonne santé et lui faire subir les vaccinations nécessaires. Nous devons apporter au vétérinaire un échantillon de selles pour que leur analyse détermine la présence éventuelle de parasites intestinaux. Il faut également montrer au vétérinaire ce que nous donnons à manger à notre lapin pour qu'il nous dise si la composition du produit est correcte. Le vétérinaire effectue une visite clinique complète et vérifie que nous savons nous occuper du lapin, sans commettre les erreurs d'entretien et d'alimentation habituelles. Après sa visite, il nous remet un carnet de santé dans lequel il reporte les vaccinations effectuées, les dates de rappel ainsi que les éventuelles interventions chirurgicales ou les problèmes de santé. Il ne faut pas oublier de se munir de ce carnet de santé à chaque visite.

qu'il faut faire pour que notre compagnon reste en bonne santé, en n'oubliant pas que ce n'est qu'en l'observant attentivement et en lui consacrant un peu de temps chaque jour, que nous pourrons apprendre à connaître son comportement normal et donc relever rapidement la moindre anomalie.

Alimentation. Comme nous l'avons expliqué dans le chapitre « L'alimentation », un régime alimentaire correct peut prévenir les problèmes sanitaires les plus courants des lapins d'appartement, tels que la constipation, l'entérite, les problèmes dentaires et l'obésité. Du foin frais toujours disponible, des légumes frais et, dans certains cas, des granulés de bonne qualité, voilà tout ce dont un lapin a besoin. Il faut donc établir son régime sur ces bases simples et éviter de le gâter avec des aliments inadaptés et dangereux.

Activité physique. Pour se maintenir en bonne santé, le lapin a besoin de faire de l'exercice en dehors de sa cage, si possible tous les jours. Rappelons également que quand le lapin est hors de sa cage, il doit être surveillé attentivement pour éviter tout

L'activité physique est fondamentale pour que le lapin reste vif et en bonne santé

LE CONTRÔLE DU POIDS

Le lapin doit être pesé deux fois par mois avec une balance très précise et son poids doit être relevé à chaque fois. On peut ainsi s'apercevoir à temps d'éventuels problèmes de santé qui passeraient autrement inaperçus pendant des semaines. Sa fourrure touffue a en effet tendance à masquer la conformation de son corps. Par exemple, dans le cas de problèmes dentaires, on peut avoir l'impression que le lapin mange normalement alors qu'il avale beaucoup moins d'aliments qu'il ne le devrait et qu'il maigrit dangereusement.

accident comme une chute de la terrasse, une ingestion de plantes toxiques, un grignotage de fils électriques, etc.

Hygiène de la cage. La cage doit toujours rester extrêmement propre, surtout le fond, qui doit être moelleux et bien sec. Un fond sale ou inadapté prédispose en effet l'animal à la pododermatite, une dangereuse infection des pieds.

Poids de forme. L'obésité est la cause de nombreux problèmes de santé et entraîne un raccourcissement de la durée de vie. Si le lapin a tendance à grossir, il faut éliminer de son régime les aliments les plus calorifiques comme les granulés et les fruits.

Vaccinations. Même s'il vit en appartement, le lapin doit être régulièrement vacciné contre la myxomatose et la maladie hémorragique virale. La vaccination est également l'occasion de faire exécuter périodiquement une visite sanitaire complète.

Les vaccinations

Les lapins doivent être régulièrement vaccinés contre deux maladies virales : la myxomatose et la maladie hémorragique virale (V.H.D.), qui sont toutes deux très graves pour les lapins mais non transmissibles à l'homme ou à d'autres animaux. Elles peuvent être évitées en soumettant régulièrement le lapin à des vaccinations efficaces et sans risque.

Myxomatose

La myxomatose est une maladie très contagieuse. Elle peut être transmise par voie directe par les animaux malades ou porteurs (c'est-à-dire infectés mais sans symptômes) vers les sujets sains, ou par voie indirecte par les moustiques, les puces, les tiques ou autres parasites. L'évolution peut être aiguë, et dans ce cas la mort survient rapidement, ou chronique, et la mort survient au bout de quelques jours. Certains lapins sont des porteurs asymptomatiques, c'est-à-dire que bien qu'ils hébergent et qu'ils éliminent le virus, ils ne présentent pas de symptômes, mais ils sont contagieux et peuvent transmettre la maladie à d'autres lapins.
L'incubation de la myxomatose est de 5-15 jours. Les symptômes sont les suivants : de l'abattement, une conjonctivite, un écoulement oculaire, des gonflements cutanés sur la tête et sur les membres ainsi qu'une inflammation des organes génitaux. Il existe également une forme caractérisée par la conjonctivite et les symptômes respiratoires, sans

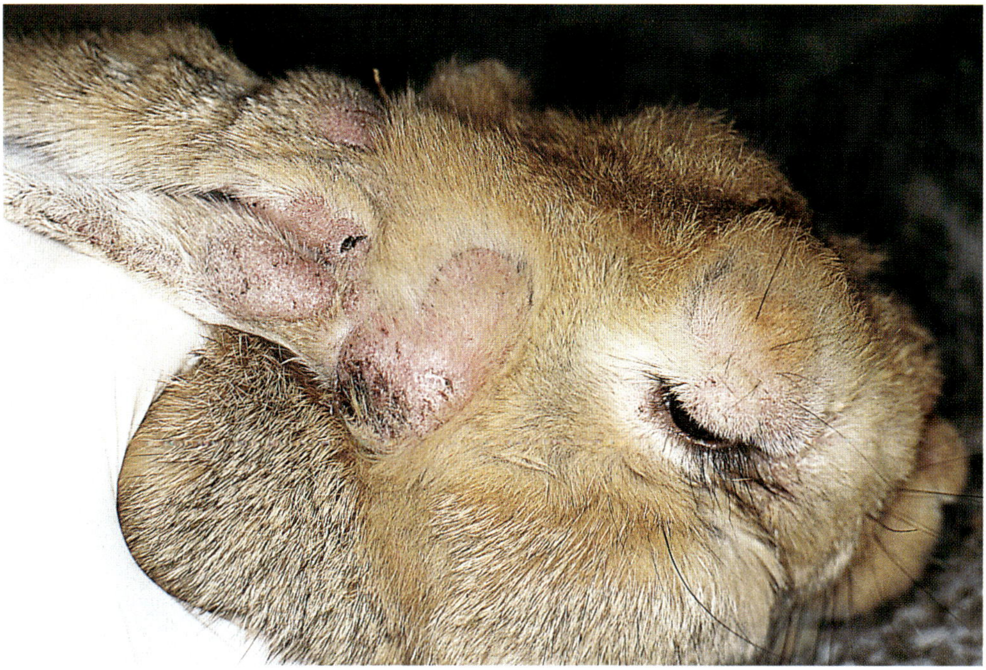

Les lésions cutanées font partie des symptômes de la myxomatose. Cette maladie peut toutefois être facilement prévenue par une vaccination et des rappels effectués pendant toute la vie du lapin

lésions cutanées mais avec un œdème génital. La mortalité est élevée et il n'existe aucune thérapie contre la myxomatose.
Les lapins qui survivent peuvent en outre devenir porteurs.
Les lapereaux peuvent être vaccinés pour la première fois à l'âge de 30 jours, avec un rappel à huit-dix semaines. Ensuite, on exécute un rappel tous les quatre-six mois, pendant toute leur vie. L'immunité s'instaure au bout de 48-72 heures seulement. Un petit nodule, qui correspond à la réaction au vaccin, se forme normalement à l'endroit où a eu lieu l'injection.

Maladie hémorragique virale (MHV ou VHD)

Cette grave maladie, qui ne frappe que les lapins de plus de 30-50 jours, se transmet soit directement des lapins malades vers des lapins sains, soit par voie indirecte, par des objets contaminés ou des insectes (mouches, moustiques, etc.). Le temps d'incubation est très court : seulement 36-72 heures.
Les symptômes sont soudains : hémorragies nasales, buccales et anales, éternuements, crises d'excitation, spasmes, suivis de la mort du sujet. Il arrive même que l'animal meure soudainement, sans avoir manifesté le moindre symptôme, à cause d'un grave problème de coagulation. Il n'existe aucune thérapie et les lapins touchés sont tous appelés à mourir.
La première vaccination s'exécute à deux mois et demi, mais en cas de nécessité, on peut l'effectuer avant, avec un rappel un mois plus tard. Ensuite, on exécute le rappel une fois par an, chaque année.

La stérilisation

Il est conseillé de stériliser les lapins de compagnie, même s'ils vivent seuls. En effet, le mâle stérilisé perd l'habitude de marquer son territoire avec son urine et ses selles et il est moins agressif. La femelle stérilisée est moins agressive et il est plus facile de lui apprendre à utiliser sa caisse hygiénique. De plus, la stérilisation prévient l'apparition de maladies de l'utérus, par exemple les tumeurs.

Les maladies

Les symptômes avertisseurs

Si le lapin cesse de manger, s'il est abattu et amorphe, qu'il ne bouge pas ou souffre de diarrhée, il est évident que quelque chose ne va pas. Toutefois, les problèmes de santé ne se manifestent pas toujours de façon aussi évidente. Parfois, les symptômes sont très difficiles à saisir et demandent une observation attentive. Toutefois, si on parvient à les remarquer dès qu'ils se manifestent, cela permet d'intervenir rapidement et d'avoir plus de chances de guérison.

Anorexie

Une diminution d'absorption de nourriture est un signe qui doit alerter immédiatement. Si le lapin est complètement anorexique pendant plus d'une journée, même sans manifester d'autres symptômes, il faut immédiatement se rendre chez le vétérinaire. En effet, à cause de sa physiologie particulière, l'organisme du lapin ne supporte pas bien le jeûne, même s'il est de courte durée. L'activité de son appareil digestif ralentit progressivement jusqu'à la stase complète et le foie risque une grave pathologie, la stéatose hépatique, qui l'empêche de fonctionner. Quelle qu'en soit la cause, il faut remédier très vite à l'anorexie.
Il arrive que le lapin montre qu'il a faim en accourant rapidement à la vue de la nourriture, mais qu'il refuse ensuite de manger. Cette attitude est également suspecte : cela peut être le symptôme d'un problème aux dents, qui lui font mal et qui l'empêchent de mastiquer. On peut aussi suspecter un changement d'habitudes alimentaires : si le lapin refuse un seul type d'aliment, par exemple le foin, alors qu'il en mangeait auparavant sans problème, et qu'il lui préfère une nourriture plus tendre, comme la salade, cela peut être une manifestation précoce d'une pathologie dentaire possible.

Attitudes anormales

Le lapin qui n'accomplit plus ses activités habituelles et qui reste prostré dans un coin exprime clairement un état de malaise. L'attitude du lapin peut être considérée comme suspecte quand il penche la tête sur le côté : c'est ce que l'on appelle un « torticolis » qui, dans les cas les plus graves, se manifeste par l'incapacité de se tenir droit et même par le fait de rouler sur le côté. En revanche, si le lapin boite, c'est peut-être le symptôme d'un traumatisme sur un membre, par exemple une fracture ou une entorse.

Selles anormales

Les selles normales du lapin sont constituées de petites boules de couleur foncée, bien formées et compactes.
Des selles de consistance plus molle sont habituellement dues à un régime ne comprenant pas suffisamment de fibres. La diarrhée, avec émission de selles aqueuses et malodorantes, est un signe grave qui nécessite une visite vétérinaire immédiate, parce qu'elle peut être

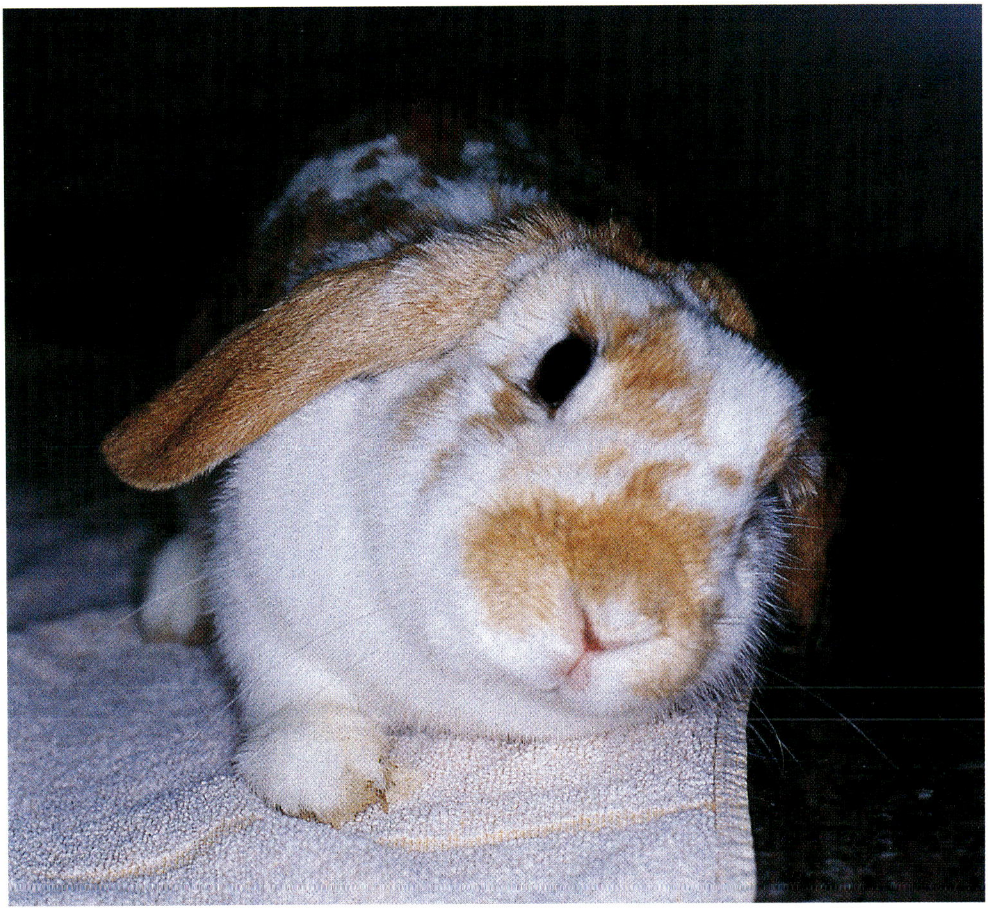

Quand le lapin a le « torticolis », c'est-à-dire quand sa tête est penchée sur le côté, cela signifie qu'il est malade

due à une maladie rapidement mortelle. Le lapin produit également un second type de selles, le cæcotrophe, d'une consistance plus molle et d'une couleur vert foncé. Le cæcotrophe est ingéré directement au sortir de l'anus de l'animal et, en général, on ne le voit pas. Si le lapin ne va pas très bien, ou bien s'il a à sa disposition trop d'aliments fortement caloriques, il peut arriver qu'il ne consomme pas le cæcotrophe, qui reste ainsi dans la cage et qui peut être confondu avec de la diarrhée.

Nodules et tuméfactions

Des nodules et des tuméfactions peuvent apparaître sur une partie du corps. Ce sont souvent des abcès mais parfois aussi des tumeurs et il faut donc les examiner le plus rapidement possible. Les abcès situés sur la mandibule sont les plus dangereux parce qu'ils sont souvent associés à une infection des maxillaires et des dents.
Des nodules sur la peau des paupières, des oreilles et des parties génitales s'observent en cas de myxomatose.

Problèmes aux oreilles

Des rougeurs et des tuméfactions à la base du pavillon auriculaire peuvent être associées à la présence d'une infection à l'intérieur de l'oreille. La présence de croûtes abondantes est en revanche très probablement causée par un acarien parasite, *Psoroptes cuniculi.*

Problèmes au nez

Un poil souillé autour des narines indique la présence d'un écoulement nasal, souvent associé à une infection due à *Pasteurella multocida*, un germe qui frappe très fréquemment les lapins. La présence de croûtes sur le nez peut en revanche être causée par les parasites de la gale.

Problèmes de poil

Une robe saine doit être brillante, bien fournie et uniforme, sans poil souillé ou emmêlé, et ne présenter ni croûtes ni zones dépourvues de poil. Le poil clairsemé peut être le signe de problèmes cutanés, mais cela peut être aussi dû à la mue : durant cette période en effet, la robe du lapin peut présenter des zones presque nues, mais à ces endroits, la peau doit apparaître normale, sans signes d'inflammation et sans croûte.
Si le poil des pattes antérieures est souillé, cela signifie que le lapin souffre d'écoulement nasal. Dans ce cas en effet, l'animal nettoie son nez en le frottant avec ses pattes.
Rappelons enfin que la présence de parasites est toujours anormale et qu'elle nécessite un traitement spécifique.

Problèmes oculaires

Les yeux doivent toujours être limpides et propres. La présence de croûtes, de mucus et la peau des paupières rougie ne sont pas seulement des manifestations dues à des problèmes oculaires mais elles peuvent aussi être associées à des pathologies dentaires.
Un des graves problèmes oculaires que l'on peut rencontrer est l'exophtalmie, c'est-à-dire la protrusion du globe oculaire, qui apparaît saillant. Ce phénomène est souvent associé à un abcès présent derrière l'œil qui est très difficile à soigner.

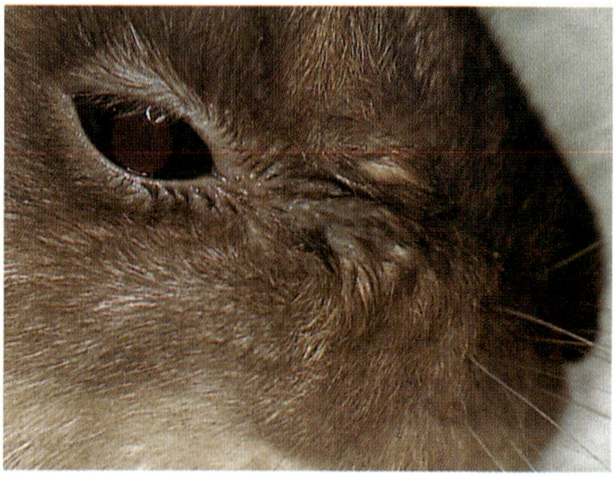

Le poil souillé autour de l'œil est la manifestation d'un écoulement oculaire

Un lapin en bonne santé doit avoir une robe impeccable

Urine anormale

L'urine normale du lapin peut être de différentes couleurs : elle est souvent jaune, mais peut être orange, rouge ou marron. On considère qu'une coloration inhabituelle est due à des pigments végétaux comme les porphyrines. On constate également que l'urine du lapin change chaque jour de couleur, même s'il mange les mêmes aliments.
Si l'urine du lapin est rouge, on peut facilement s'apercevoir si elle est normale ou si elle contient du sang grâce à un simple examen de laboratoire. La présence de sang dans les urines peut être causée par des problèmes liés à l'appareil urinaire (par exemple des calculs ou des kystes) ou encore par des maladies de l'utérus.
L'urine du lapin est également très trouble parce qu'elle contient une abondante quantité de sels minéraux, dont l'excès dans l'organisme est éliminé par les reins.

Les maladies principales

Il faut avant tout faire une recommandation indispensable : il est impossible de soigner seul un lapin. Les médicaments que l'on administre normalement aux chiens, aux chats ou aux êtres humains peuvent en effet être mortels pour ces animaux. Il faut donc toujours s'adresser à un vétérinaire spécialisé.
La liste des maladies qui va suivre est uniquement destinée à vous permettre de mieux comprendre les problèmes de santé que vous pouvez rencontrer chez votre petit compagnon, et non pas à vous pousser à vous substituer à l'intervention d'un médecin vétérinaire.

Abcès sous-cutanés

Les abcès sous-cutanés, c'est-à-dire des amas de pus très dense qui apparaissent comme des tuméfactions indolores sous la peau, peuvent se former très rapidement sur n'importe quelle partie du corps, y compris en quelques jours.
Ils peuvent être provoqués par des blessures, mais on ne parvient souvent pas à déterminer leur cause. Ceux qui sont localisés au niveau de la tête sont en revanche fréquemment liés à des problèmes dentaires (par exemple des infections de la racine de la dent dues à une malocclusion). Les abcès peuvent concerner les structures osseuses ou articulaires qu'ils recouvrent et, avant d'entreprendre des soins, il est conseillé d'exécuter des radiographies.

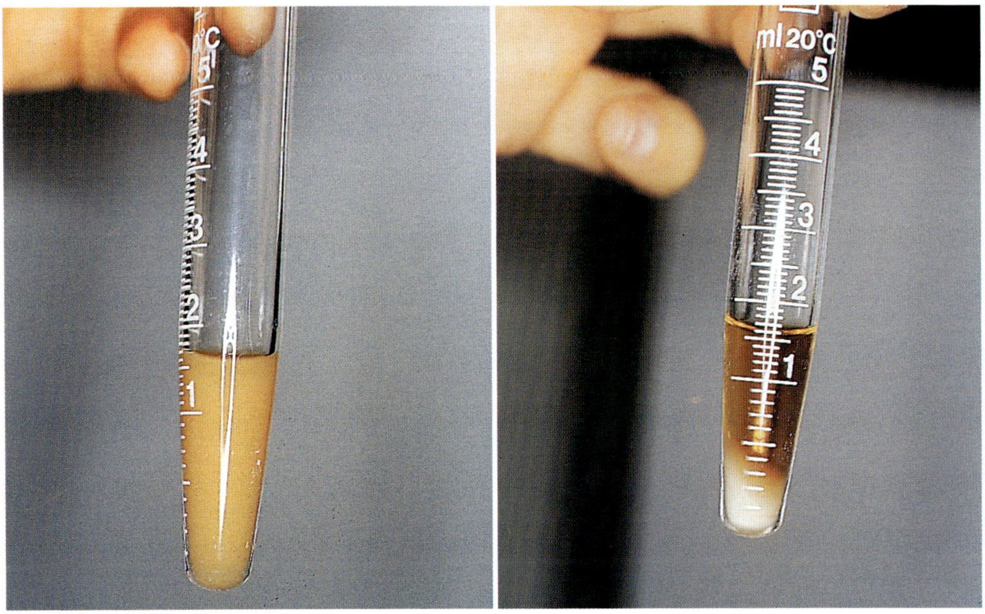

L'urine du lapin est normalement trouble, à cause de la présence massive de sels minéraux. Si on la verse dans une éprouvette et qu'on la passe à la centrifugeuse, on peut voir les sels se déposer sur le fond

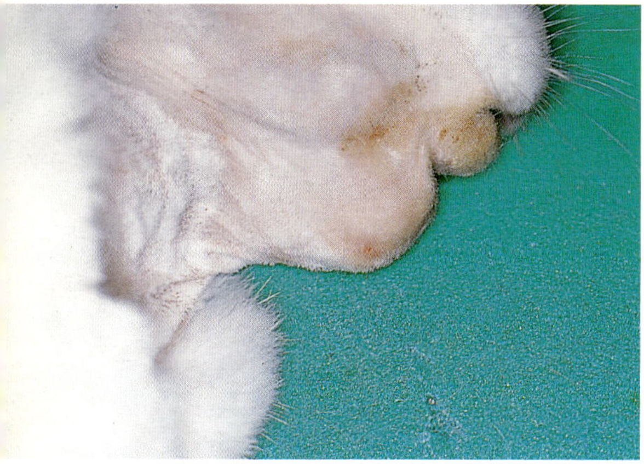

Un abcès sous le menton. Comme tous les abcès localisés sur la tête, celui-ci est probablement dû à des problèmes dentaires

Les abcès du lapin ne doivent pas être soignés de la même façon que ceux des chats et des chiens. En effet, si on se contente d'inciser l'abcès pour faire sortir le pus, la lésion a tendance à se reformer rapidement. La thérapie implique en revanche une ablation en bloc, comme s'il s'agissait d'une tumeur, et l'administration prolongée d'antibiotiques.

Coccidiose

La coccidiose est une maladie parasitaire causée par des coccidies, des parasites microscopiques formés d'une seule cellule, qui peuvent toucher, selon l'espèce, l'intestin ou le foie et lui infliger des dommages. Cette pathologie est particulièrement grave chez les animaux jeunes, et elle peut provoquer leur mort en très peu de temps. Il est très important de faire exécuter un contrôle des selles du lapereau dès son arrivée à la maison, afin qu'il soit possible d'effectuer un traitement adapté bien avant que ne se manifestent les symptômes, si la présence du parasite est avérée.

Entérite et diarrhée

La flore intestinale du lapin, c'est-à-dire l'ensemble des micro-organismes qui vivent dans son intestin et l'aident à digérer les substances nutritives, est extrêmement délicate. Il y a de nombreux facteurs qui peuvent l'altérer, en favorisant le développement de bactéries nocives et en provoquant une entérite (c'est-à-dire une inflammation de l'intestin) et des diarrhées :

- un régime alimentaire avec une quantité insuffisante de fibres et une proportion d'amidon trop élevée ;
- des changements brusques d'alimentation ;
- l'administration de légumes froids ou avariés ;
- l'administration de certains types d'antibiotiques ;
- le stress (causé par exemple par un surpeuplement à l'intérieur de la cage, l'introduction de nouveaux animaux ou un changement de milieu).

Dans les formes les plus bénignes, cela se traduit simplement par l'émission de selles plus molles que la normale, mais le lapin se porte bien et continue à manger. Pour que la situation redevienne normale, il suffit parfois de changer de régime alimentaire, en éliminant tous les aliments à l'exception du foin. Dans les formes les plus graves, des bactéries pathogènes, les clostridies, se développent dans l'intestin. Elles peuvent produire des substances toxiques, provoquant une diarrhée beaucoup plus dangereuse, caractérisée par des selles aqueuses et malodorantes. Le lapin apparaît abattu et ne mange pas, il maigrit rapidement et est déshydraté. Dans certains cas, cela peut même provoquer sa mort soudaine. Il faut alors mettre en place une thérapie destinée à rétablir la flore intestinale normale en combattant les micro-organismes pathogènes et soutenir le lapin en lui administrant par exemple des aliments sous forme liquide pour le réhydrater.

Constipation

La constipation gastro-intestinale est une pathologie très fréquente chez le lapin de compagnie qui se traduit par un ralentissement progressif du transit intestinal, allant jusqu'à la stase complète. Elle est provoquée par une mauvaise alimentation, principalement par une carence de fibres. Le lapin atteint de constipation cesse de s'alimenter, progressivement ou d'un seul coup, émet des selles de plus en plus petites et enfin cesse complètement de déféquer. On note parfois la présence de diarrhée ou d'émission de matériau muqueux. Au début, l'animal reste généralement vif, s'intéresse à la nourriture et la renifle, mais il refuse de manger. Au fil des jours, il devient de plus en plus déprimé et, laissé sans traitement, il meurt. La thérapie, qui repose sur l'administration de médicaments qui facilitent l'activité intestinale, sur la réhydratation et sur l'alimentation assistée, permet souvent de résoudre ce problème, à condition qu'elle soit mise en place suffisamment tôt. La prévention consiste naturellement à offrir une alimentation correcte avec un pourcentage élevé de fibres.

Dermatite humide

La dermatite humide est une inflammation aiguë de la peau, qui apparaît humide et rougie. Il y a deux localisations possibles : la première, sur le menton, est provoquée par un écoulement abondant de salive dû à des maladies dentaires, à une chaleur excessive ou à l'utilisation d'une écuelle d'eau dans la cage. L'autre localisation, sur l'aine, est causée par le contact permanent de l'urine sur la peau à la suite de problèmes de l'appareil urinaire (cystite, calculs) ou de l'incapacité du lapin à adopter une posture correcte pour uriner (après une paralysie, des lésions sur les membres ou à cause de l'obésité).
Le seul moyen de soigner cette inflammation est d'identifier sa cause, en veillant pendant ce temps-là à maintenir toujours la zone concernée propre et sèche.

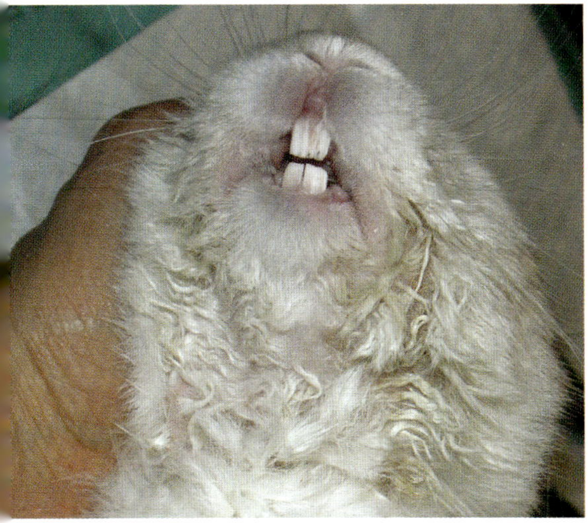

La dermatite humide du menton peut être causée, comme ici, par une malocclusion dentaire touchant les molaires

Blessures, fractures et luxations

Les petites blessures guérissent rapidement si elles sont régulièrement nettoyées, en coupant le poil qui les entoure et en les désinfectant. Des blessures plus importantes nécessitent en revanche les soins du vétérinaire qui applique des points de suture en cas de nécessité et prescrit un traitement antibiotique, afin d'éviter des infections bactériennes secondaires.
Les fractures et les luxations des membres sont malheureusement assez fréquentes chez les lapereaux nains dont l'appareil squelettique est fragile : cet accident se produit souvent quand ils sont manipulés maladroitement et qu'ils tombent par terre. Si le lapin boite ou présente une tuméfaction sur un membre, il est conseillé de se rendre chez le vétérinaire : après avoir évalué le type de lésion par un examen radiologique, il va éventuellement proposer un bandage pour immobiliser le membre ou une intervention chirurgicale pour réparer le dommage.
Les lésions à la colonne vertébrale sont en revanche extrêmement graves et peuvent même entraîner la paralysie définitive du lapin : il faut donc prendre toutes les précautions pour éviter les accidents qui pourraient provoquer une telle lésion.

Infestations de parasites externes

Cheyletiella parasitovorax, un **acarien** du poil, peut infester le lapin sans produire aucun symptôme. Il peut aussi provoquer des

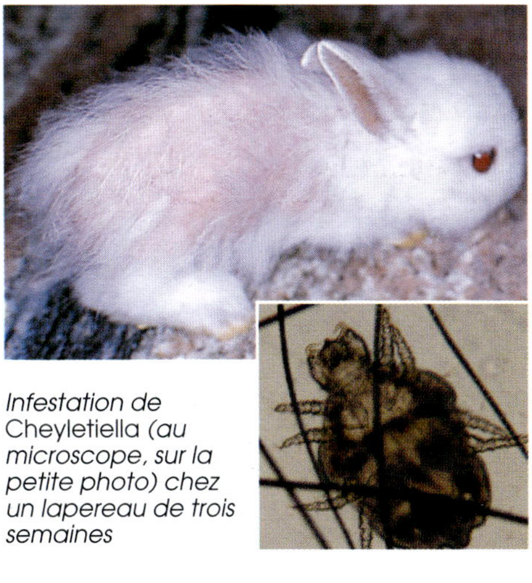

Infestation de Cheyletiella (au microscope, sur la petite photo) chez un lapereau de trois semaines

pertes de poil, l'apparition de croûtes et de rougeurs de peau sur le dos et sur l'abdomen. Le vétérinaire peut effectuer le diagnostic après avoir identifié le parasite au microscope. La thérapie repose sur l'injection d'un produit antiparasitaire ou sur son application sur la peau.
Les lapins peuvent également être occasionnellement infestés par les **puces**. Le diagnostic s'effectue souvent en observant la présence de petites crottes de puces, des grains foncés minuscules parmi les poils. Le traitement s'effectue avec les produits antiparasitaires utilisés pour les chats, à base de pyrèthre ou de ses dérivés synthétiques (il ne faut en revanche jamais utiliser un collier antipuces).

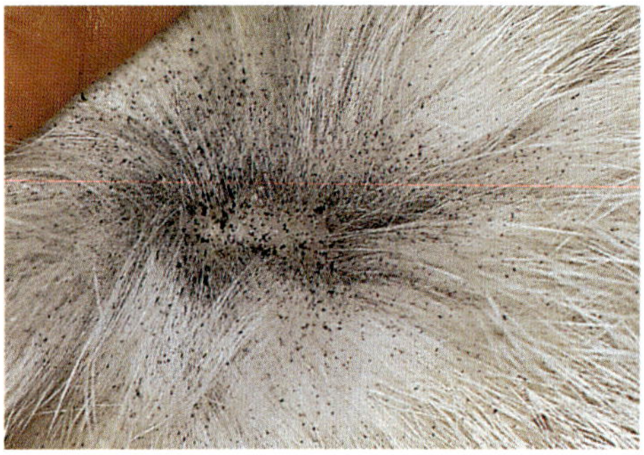

L'infestation de puces est facilement identifiable par les crottes des parasites qui apparaissent comme des granulés foncés dans le poil

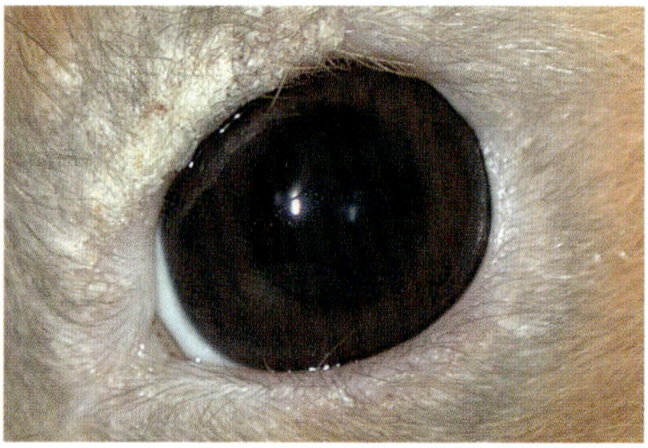

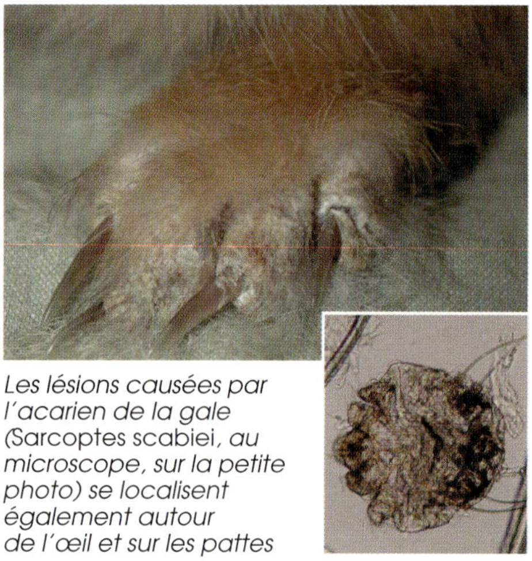

Les lésions causées par l'acarien de la gale (Sarcoptes scabiei, au microscope, sur la petite photo) se localisent également autour de l'œil et sur les pattes

Listrophorus gibbus est un **pou** parasite du poil qui donne rarement lieu à des signes cliniques.
Le traitement est analogue à celui qui est employé contre l'infestation par des puces.
Enfin, même si cela se produit rarement, le lapin peut être infesté par les **acariens de la gale**, *Sarcoptes scabiei* et *Notoedres cati*. Ils provoquent des lésions croûteuses très prurigineuses sur le bord des oreilles, sur le museau, les pattes et les parties externes de la zone génitale.
Dans ce cas également, le diagnostic s'effectue par l'observation microscopique du parasite et la thérapie consiste à injecter un médicament antiparasitaire.

Malocclusion dentaire

Les pathologies dentaires sont malheureusement fréquentes chez le lapin d'appartement. La cause principale est une alimentation incorrecte (typiquement à base de granulés, de graines, de flocons, de biscuits, de pain et autres produits similaires) qui ne nécessite pas une grande mastication et qui ne permet pas une usure adéquate des dents. Certains cas peuvent toutefois être également congénitaux, surtout chez les races naines.
Si l'aliment n'est pas assez abrasif, la dent ne s'use pas et continue à pousser, jusqu'à ce que la pression exercée par la dent opposée (supérieure ou inférieure) l'incurve. La dent pousse alors en biais et n'est plus alignée sur la dent opposée et la surface de mastication n'est donc plus uniformément usée. Il se forme des pointes coupantes qui blessent l'intérieur de la bouche et la langue du lapin : à cause de la douleur, l'animal cesse de manger.
Les lapins se trouvant dans cette situation doivent subir un limage périodique des dents, pendant toute leur vie. On peut prévenir facilement la malocclusion si l'on adopte dès les premiers mois une alimentation correcte.

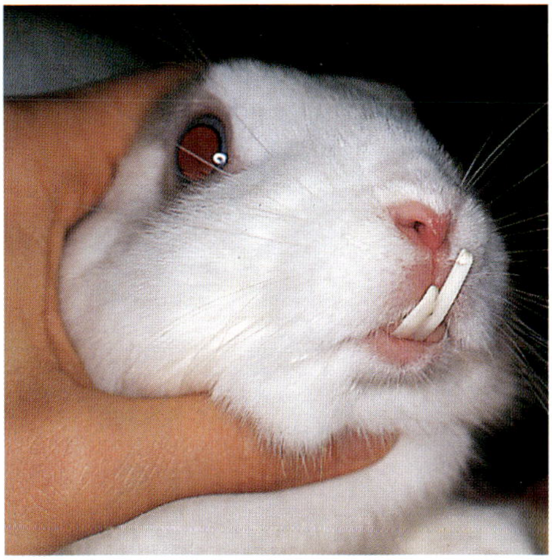

La croissance excessive des incisives est souvent causée par une alimentation incorrecte, qui ne permet pas l'usure des dents

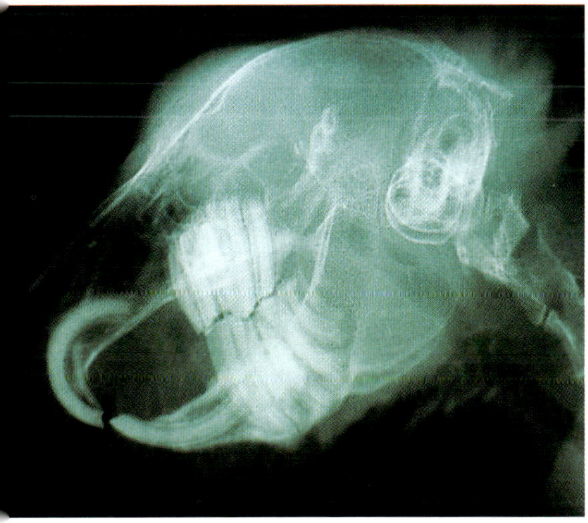

Radiographie qui montre la malocclusion des prémolaires et des molaires

Obésité

L'obésité est un problème fréquent chez les lapins de compagnie. Les causes qui y prédisposent sont le manque d'activité physique (ces animaux sont souvent obligés de vivre confinés dans une cage pendant presque toute la journée) et une mauvaise alimentation (administration d'aliments très calorifiques comme les biscuits et le pain, les préparations contenant des graines et des flocons, des bâtons de graine et de miel ou des fruits).

Les aliments comprenant des granulés ont également tendance à favoriser l'obésité, à cause de leur pouvoir nutritif élevé. L'obésité endommage le cœur et les reins et entraîne une mort précoce de l'animal.
Pour obtenir une réduction de poids, il est nécessaire d'administrer au lapin un régime basé exclusivement sur le foin d'herbe et les légumes frais, en excluant tout autre aliment. Ce changement de régime doit être progressif pour éviter au lapin des problèmes intestinaux. Il faut en outre permettre à l'animal de faire un peu d'exercice physique.

Otite parasitaire

Le parasite le plus courant chez le lapin est le *Psoroptes cuniculi*, un acarien localisé dans les oreilles et qui provoque une otite externe très prurigineuse. Les lésions initiales sont constituées de croûtes grisâtres ou marron qui se forment dans le conduit auditif. Des excoriations et des pertes de poil peuvent apparaître si le lapin se gratte. Une infection bactérienne de l'oreille peut se développer secondairement.
Le vétérinaire peut facilement diagnostiquer la maladie en observant au microscope le cérumen présent dans l'oreille, afin d'identifier le parasite et effectuer un traitement simple et efficace, qui consiste à injecter un médicament antiparasitaire adapté.

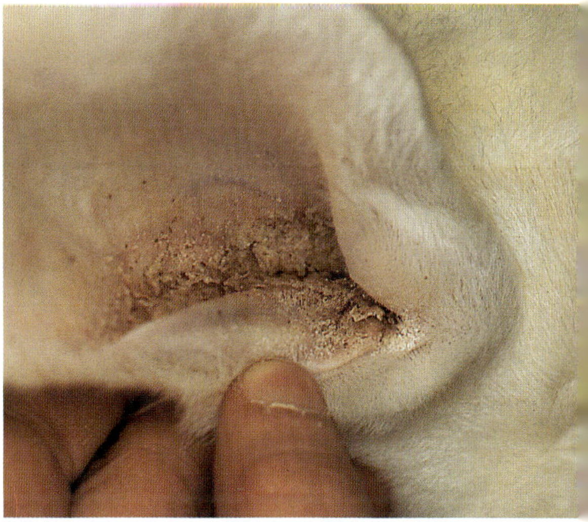

Les croûtes à l'intérieur du pavillon auriculaire, provoquées par des acariens, sont un symptôme évident d'otite parasitaire

Pasteurellose

La bactérie la plus importante impliquée dans les infections du lapin est la *Pasteurella multocida*. Beaucoup de lapins, bien qu'ils ne présentent aucun symptôme, sont porteurs de ce germe, qui se localise dans les voies respiratoires primaires, dans les poumons, dans la conjonctive et le vagin. La transmission survient par contact direct (entre compagnons de cage, au moment de la mise bas, transmis de la mère aux petits ou durant l'accouplement) ou indirect, par exemple par l'intermédiaire des pipettes ou encore par voie aérienne (mais seulement à distance rapprochée). La gravité des symptômes et la forme sous laquelle se manifeste l'infection sont extrêmement variables. Dans la pratique, tout organe peut être touché, même si les sièges les plus fréquents sont les cavités nasales et le pharynx. Les signes cliniques peuvent comprendre un écoulement nasal, de la conjonctivite, un torticolis, des abcès, un ulcère cutané, un écoulement vaginal, une perte de poids et une mort soudaine. *P. multocida* est en outre capable de provoquer des infections chroniques qui perdurent pendant des mois, voire des années.
Il est très difficile d'éliminer l'infection du lapin et le traitement antibiotique ne parvient seulement qu'à tenir les symptômes en respect. Chez les animaux porteurs sains, il peut arriver que l'infection se manifeste à la suite d'un stress.

Pododermatite

La pododermatite est une inflammation et une infection de la face inférieure des membres qui concerne le plus souvent les pattes arrière. Elle est provoquée par plusieurs facteurs, tels que l'utilisation d'un substrat inadapté pour le fond de la cage (par exemple un matériau trop abrasif, comme les litières en sépiolite pour chats), le manque d'hygiène ou l'obésité. Chez un lapin atteint par cette pathologie, on observe au début une perte de poil qui laisse entrevoir une portion de peau rougie. Ensuite, le problème progresse, la peau s'ulcère et la lésion s'infecte jusqu'à impliquer également les articulations et les os du pied, provoquant de la boiterie, un déplacement hésitant et de l'anorexie.
La thérapie consiste à administrer des antibiotiques, à nettoyer et à éliminer le tissu nécrotique, à appliquer localement des crèmes antibiotiques et, dans les cas les plus graves, à bander les membres, ce qui n'est toutefois pas bien toléré par le lapin. Il faut en outre prendre grand soin de l'hygiène de la cage et utiliser un fond moelleux, propre et sec. En cas d'obésité, il est indispensable de soumettre l'animal à un régime spécifique pour réduire son poids.

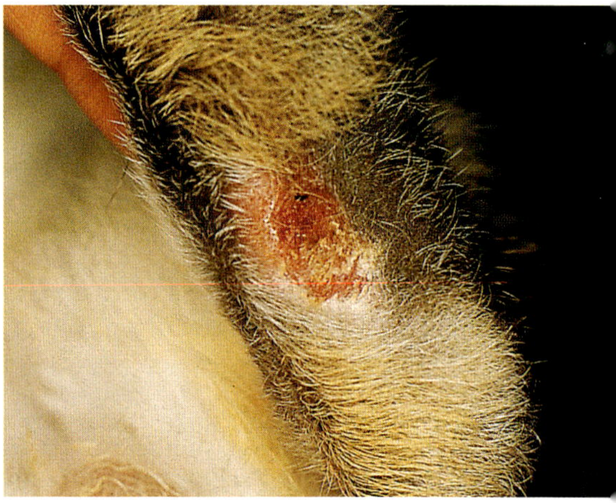

Éclaircissement du poil et peau rougie : un signe clair de pododermatite

Comment s'occuper d'un lapin malade

Quand le vétérinaire prescrit un médicament pour notre lapin, nous devons nous assurer que nous avons bien compris comment l'administrer et que nous sommes capables de le faire correctement, en demandant éventuellement au vétérinaire qu'il nous montre comment procéder. Il est très important de suivre scrupuleusement ses indications et de l'avertir immédiatement si nous nous apercevons que nous ne pouvons pas suivre le traitement prescrit. Si par exemple nous n'arrivons pas à administrer à l'animal un médicament par la bouche, le vétérinaire pourra le remplacer par un autre médicament à administrer par injection, une modalité que le lapin semble « préférer ».
Pour administrer par la bouche un médicament de forme liquide, il est conseillé d'utiliser une seringue sans aiguille ou un compte-gouttes. Certains médicaments sucrés sont pris par l'animal sans difficulté. Si ce n'est pas le cas, on peut masquer leur

goût en les mélangeant avec un peu de miel, de la confiture ou du jus de fruit. Selon le tempérament du lapin, il peut être plus pratique d'administrer le médicament en posant l'animal (il se sent plus en sécurité et plus détendu) sur les genoux ou en le mettant sur une table. Si le lapin est particulièrement réfractaire, on peut l'enrouler dans une serviette pour l'immobiliser.
Le médicament doit être administré dans la partie postérieure de la bouche, pour qu'il ne le recrache pas. On enfile la seringue au coin de la lèvre, en dirigeant la pointe vers la gorge. Une fois l'opération accomplie, on peut récompenser l'animal avec une petite friandise qu'il aime beaucoup.
Les comprimés peuvent être administrés de la même façon. Il suffit de les émietter soigneusement et de les mélanger dans un peu d'eau. On peut aussi mélanger la poudre obtenue à un aliment particulièrement appétissant, comme un peu de banane écrasée, du yaourt ou de la confiture (toujours en petite quantité). Un comprimé très petit peut en revanche être caché dans un grain de raisin sec.
Si, pour quelque raison que ce soit, le lapin ne mange pas, le vétérinaire nous fournira probablement toutes les indications pour effectuer une alimentation forcée : cela consiste à administrer un aliment dans la bouche de l'animal avec une seringue sans aiguille. En effet, le jeûne est particulièrement mauvais pour ces animaux et l'alimentation forcée est parfois aussi importante qu'un médicament.
Les aliments utilisés sont en général des granulés de bonne qualité, dissous dans de l'eau chaude et mixés, ou bien des petits pots de légumes pour bébés toujours délayés dans un peu d'eau. La consistance de la nourriture doit être suffisamment fluide pour passer à travers l'embout de la seringue, mais pas trop liquide, pour ne pas faire baisser considérablement la valeur nutritive de l'aliment.
La technique d'administration est la même que celle utilisée pour les médicaments liquides, sauf que le volume est plus important. Selon la taille du lapin et le type de problème, on donne en général 10-20 ml à chaque fois (cela dépend également du degré de collaboration du lapin), en répétant l'opération plusieurs fois par jour. La nourriture doit être injectée par petites quantités dans la bouche, patiemment, en laissant à l'animal le temps de déglutir. À la fin de l'opération, on nettoie la bouche et le poil situé autour avec un torchon humide, pour éliminer tout résidu alimentaire.
Chez un animal obèse ou ayant des problèmes de santé donnés (diarrhée, cystite, lésions articulaires ou épinières), la zone génitale peut être souillée par des selles ou de l'urine, ce qui peut avoir des conséquences graves comme une dermatite, une infection ou une nécrose cutanée. Pour nettoyer cette zone, il faut maintenir le lapin en position verticale, soutenir d'une main la partie postérieure de son corps et placer sa zone inguinale sous l'eau tiède du robinet. On peut utiliser du shampooing à la chlorhexidine, à l'action désinfectante, avant de rincer soigneusement et d'essuyer délicatement la partie concernée avec une serviette. Si les pattes arrière sont également très sales, on doit laver toute la moitié postérieure du corps en l'immergeant dans de l'eau tiède. Après un rinçage abondant, on sèche le poil avec une serviette et un sèche-cheveux.

LA SENSIBILITÉ AUX ANTIBIOTIQUES

On ne doit jamais administrer un antibiotique à un lapin (ni même un médicament) sans la prescription d'un vétérinaire spécialisé. Il existe beaucoup d'antibiotiques que l'on peut utiliser en toute sécurité pour les chiens et les chats, mais qui peuvent être mortels pour les lapins. La sensibilité particulière de la flore bactérienne intestinale du lapin peut en effet être altérée par un antibiotique inadapté, favorisant ainsi le développement de germes dangereux comme les clostridies. La probabilité d'apparition d'une altération de la flore intestinale est plus élevée si le régime alimentaire contient peu de fibres et trop d'hydrates de carbone.

Adresses utiles

Sites Internet

Des informations sur les lapins peuvent être trouvées sur différents sites Internet mais malheureusement, la plupart d'entre eux ne sont accessibles qu'aux personnes ayant une bonne connaissance de l'anglais.

Fédération Française de Cuniculiculture

http://www.ffc.asso.fr/

Un beau site dans lequel on trouve toutes les races françaises, soigneusement décrites (avec un compte-rendu détaillé sur leurs origines) et illustrées.

House Rabbit Society

http://www.rabbit.org/

C'est certainement le site le plus important et le plus complet sur le lapin d'appartement. La House Rabbit Society est une association à but non lucratif qui se consacre à l'adoption de lapins de compagnie abandonnés (un phénomène très répandu aux États-Unis) et à l'éducation de leurs propriétaires. Il contient de nombreux articles sur l'entretien, l'alimentation et la « psychologie » du lapin, sur les problèmes de comportement, la domestication des sujets difficiles et tout ce qui concerne le bien-être de ces animaux.

The British Rabbit Council

http://www.thebrc.org/

Le British Rabbit Council est la plus ancienne organisation anglaise qui rassemble des éleveurs et des passionnés de lapins. Sur ce site, on peut trouver la liste et la photo des races cunicoles officiellement reconnues en Angleterre.

Associazione Nazionale Coniglicoltori Italiani

http://www.bmnet.it/anci/

Un site intéressant qui illustre le standard des 41 races reconnues officiellement en Italie (avec les critères d'évaluation, la description des colorations et celle des différents types de défauts).

The American Rabbit Breeders Association

http://www.arba.net/

C'est le site officiel de l'Association officielle des éleveurs de lapins, qui contient la liste et les photos de toutes les races reconnues aux États-Unis.

The Language of Lagomorphs

http://www.muridae.com/rabbits/rabbittalk.html

Un site intéressant et amusant sur le langage corporel des lapins, avec beaucoup de photos et quelques vidéos qui illustrent la signification de ses attitudes, afin d'apprendre à « communiquer dans la langue des lapins ».

Bibliographie

M. BROWN – V. RICHARDSON, *Rabbitlopaedia,* Ringer Press Book, Gloucestershire, 2000

D. CROSSLEY, *An Introduction to rabbit Dentistry*, Actes du Séminaire SIVAE « Medicina del coniglio », Crémone, 2001

M.K. FANN – D. O'ROURKE, *Normal Bacterial Flora of the Rabbit Gastrointestinal Tract : a Clinical Approach*, in « Seminars in Avian and Exotic Pet Medicine », Vol. 10, n. 1, Saunders Company, Philadelphie, 2001

J.E. HARKNESS, – K.E. WAGNER, *The Biology and Medicine of Rabbits and Rodents*, William and Wilkins, Baltimore, 1989

M. HARRIMAN, *House Rabbit Handbook*, Drollery Press, Alameda, 1995

E.V. HILLYER – K.E. QUESENBERRY, *Ferrets, Rabbits and Rodents – Clinical Medicine and Surgery*, Saunders Company, Philadelphie, 1997

E. TETTA, *L'allevamento amatoriale del coniglio nano*, Thèse du diplôme de Spécialisation année académique 1998-1999, Université de Bari, Faculté de Médecine Vétérinaire

Aux Éditions De Vecchi :

Dr DESACHY, *Le Grand livre des rongeurs et des nouveaux animaux de compagnie*, 2000

Dr DESACHY, *Bien vivre avec son rongeur*, 2000

G. RAVAZZI, *Le Lapin nain*, 1994

Index analytique

Index des races

Table des matières

Achevé d'imprimer en mai 2003
à Milan, Italie,
sur les presses de Grafiche Milani

Dépôt légal : mai 2003
Numéro d'éditeur : 8097